九三学社山西省委员会　编

文源讲坛

2017年九三学社科技与人文讲座精选

山西出版传媒集团　北岳文艺出版社
BEIYUE LITERATURE & ART PUBLISHING HOUSE

·太原·

图书在版编目(CIP)数据

文源讲坛:2017年九三学社科技与人文讲座精选/九三学社
山西省委员会编.—太原:北岳文艺出版社,2019.4
ISBN 978-7-5378-5886-1

Ⅰ.①文… Ⅱ.①九… Ⅲ.①社会科学 – 文集②自然科学 –
文集 Ⅳ.①Z427

中国版本图书馆CIP数据核字(2019)第056376号

书　名:文源讲坛:2017年九三学社科技与人文讲座精选
编　者:九三学社山西省委员会

责任编辑:张　丽　　　装帧设计:张永文　　　印装监制:巩　璠

出版发行　山西出版传媒集团·北岳文艺出版社
地　　址　山西省太原市并州南路57号
邮　　编　030012
电　　话　0351-5628696(发行部)
　　　　　0351-5628688(总编室)
传　　真　0351-5628680
网　　址　http://www.bywy.com
E - mail　bywycbs@163.com
经 销 商　新华书店

印刷装订　山西人民印刷有限责任公司
开　　本　710mm×1000mm　1/16
字　　数　230千字
印　　张　14
版　　次　2019年4月第1版
印　　次　2019年9月山西第1次印刷
书　　号　ISBN 978-7-5378-5886-1
定　　价　42.00元

同心同德新时代，聚心聚力谱华章

"忆往昔，凝心聚力，攻坚克难促发展。一代又一代九三学社前辈，高举"爱国、民主、科学"的旗帜，积极投身于与中国共产党亲密合作、携手并肩的多党合作事业。从不顾生命危险，在北大民主广场纪念黄花岗烈士大会上发表反对伪国大演讲的许德珩、袁翰青、樊弘，到参与《共同纲领》制定的潘菽、黎锦熙、吴藻溪、薛愚；从荣获"两弹一星功勋奖章"的王淦昌、邓稼先、赵九章，到荣获国家最高科学技术奖的王选、黄昆、谢家麟、程开甲……九三学社先贤们自觉担当起振兴中华的历史使命，弘扬民主与科学精神，殚精竭虑，团结奋进，为新中国的建立、经济建设和社会发展做出了卓越贡献。

抚今日，不忘初心，同心共筑中国梦。九三学社山西省委坚持秉承九三先贤的优良传统，不断增强"四个意识"，坚定"四个自信"，提高"五种能力"，勇于担当，努力作为，围绕全省公共文化服务体系建设，积极奉献，全面履职。"文源讲坛·科技与人文"系列讲座是九三学社山西省委员会创新"请进来，引出去"的工作新思路，充分发挥社内人才荟萃、智力密集的界别优势，借助山西省图书馆受众广泛的平台优势，联合推出的系列讲座。这是九三学社山西省委丰富拓展参政议政履职深度广度的又一次尝试，也是我省民主党派发挥自身资源优势深化外部合作的首创之举。讲座开讲以来，先后推荐了社内专家十四人，举办了公益讲座十七场，服务了听众五千多人次，在省内外产生了广泛而深远的影响。

展未来，砥砺前行，奋力谱写新篇章。崇尚科学、追求真理是九三人的坚定信念；科学救国、科教兴国是九三人的执着追求；淡泊名利、甘于奉献是九三人的价值理念……一年多的探索创新，一年多的合作尝试，"文源讲坛·科技与人文"系列讲座已逐渐成为"九三"特色的高品质系列讲座，聚集了一大批固定听众每月如期而至！成绩可喜，未来可期！九三学社山西省委会将再接再厉，继续深化合作，携手共推全省公共文化服务发展迈出新步伐，谱写山西未来发展新篇章！

本书收录了"文源讲坛·科技与人文"系列讲座2016年10月开讲以来至2017年的内容，主要涉及科学、文化、教育、医疗等多个方面，有"法于阴阳、和于术数、食饮有节、起居有常、不妄作劳"中医经典《黄帝内经》的详细讲解，有《兰亭序》《祭侄文稿》等名家书法的作品鉴赏；有"弟子规，圣人训。首孝悌，次谨信"之国学经典《弟子规》的背后故事……经过各主讲嘉宾的授权，将现场的讲座内容整理与编辑后，以文字的形式呈现给大家。

最后，特别向本系列讲座的主讲嘉宾以及一直以来支持"文源讲坛·科技与人文"系列讲座的社员、听众以及媒体朋友们表示衷心的感谢！

目录

第三辑　养生·养性

第一辑　历史·争鸣

被遗忘的《弟子规》作者

——浮山贾存仁史事

仝建平

九三学社山西师范大学委员会第六届委员，山西省三晋文化研究会理事，山西省高校优秀青年学术带头人。历史学博士，山西师范大学历史与旅游文化学院教授，研究宋史、历史文献学、山西地方史，在宋元民间日用类书、山西史志方面有深入研究。出版专著两部，编著作品三部，发表论文四十余篇。成果获全国优秀古籍图书一等奖、山西省社科二等奖、山西省高校人文社科二等奖。

近代以来，最为流行的蒙书之一就是《弟子规》，最近十年这本书特别火。找找清代民国的印本，书上标注的作者多是"绛州李子潜"。我们从网上搜了两个现在出版的《弟子规》，写的是清代李毓秀著。但是我们再去找，比如晚清版本的《弟子规》上书："绛州李子潜原本，浮山贾存仁重订"，这是一个介休人把它卖到了北京，人家给浮山县地方志崔勋同志扫描了一份。在北京大学图书馆，也找到一个比较珍贵的版本，是1855年道光的版本，"绛州李子潜先生元著，浮山贾存仁节订"。右边一种是北京师范大学第一任校长陈垣同志遗书《弟子规》，北京图书馆藏。

首先感谢九三学社山西省委和山西省图书馆给我提供这样的平台来和大家汇报交流。我是第一次来到省图书馆新馆，刚才转了一下，环境特别典雅。我博士学的是历史文献学专业，搞古籍整理，对图书馆、古籍有一种特殊的感情。我今天给大家汇报一下最近三年追踪《弟子规》的情况。我关注的是人们过去在《弟子规》研究及传播过程当中不太注意的作者、成书和传播情况，已经做了三年工作，写了好几篇文章，今天给大家汇报一下。题目叫作《被遗忘的〈弟子规〉作者——浮山贾存仁史事》。

一、蒙书《弟子规》

中国古代关于男子的成人有一个说法，叫"弱冠"，指的是男子到了一定年龄，通行说法是20岁，要行冠礼，以示成人。弱冠以前叫童子，其中年龄到了15岁，叫"成童"，那么成童到弱冠大概是5年。也有说是16岁弱冠，还有一种说法是18岁弱冠，我们暂且按20岁讲。

成童15岁，15岁以下叫作"幼童"，我们这里讲的蒙书，就是给这个年龄段的孩子教育用的一种书。因为中国古代的学制和今天不一样，有些人家庭条件比较贫寒，弱冠以后才读这种书，所以我们宽泛地来

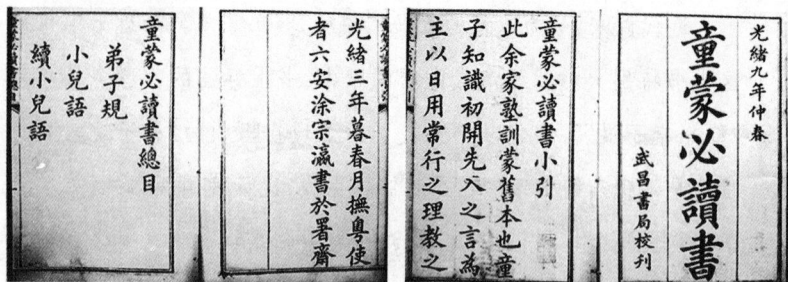

《童蒙必读书》

讲，蒙书就是给成童以下的孩子教育的书。《易经》所谓"蒙以养正，圣功也。"意思是说，在蒙昧无知的时期，如果给童蒙进行一个正道的教育、训练和培养，孩子以后就可以做大事，甚至有大成就。

中国古代的蒙书其实是源远流长的。最早的蒙书据说是西周宣王时太史作的《史籀篇》；现存最早的一般被认为是春秋时期管仲所作的《弟子职》。根据现在研究，《弟子职》可能是齐国的稷下学宫学者编制的学生守则。到了秦始皇时期，李斯、赵高、胡毋敬都编过蒙书。到了西汉，史游有《急就篇》。数量很庞杂，种类繁多，现在也没有一个准确的数字。这是因为一本书你从不同的角度去对它进行分类，可能就有不同的性质。

关于中国古代的蒙书，内容分类也有若干分法，我们一般从四种来看。第一类是学习文字语言的，最著名的"三百千"：《三字经》《百家姓》《千字文》。其实它们的成书是顺序倒过来的。最早的是《千字文》，然后是北宋初年的《百家姓》，最后是南宋末年王应麟或者是区适子编的《三字经》。它绝对不仅仅是一部识字的书，它的内容包括天文、历史、地理，经史子集，无所不包。我们注意，今天流传下来的"三百千"，都是经过历代人修订的。现在看到的《三字经》是章太炎修订的。如果从今天流传的版本来看"三百千"，除去重复的，约有2000字，也就是说你识了这2000字，就可以阅读文章书籍了。我们要注意，《千字文》成书早，《百家姓》到现在也有一千多年了，《三字经》是南宋末年的，也是近八百年历史了，而我们今天讲的《弟子规》，成书比较晚。第二类是讲伦理道德的，比如明朝后期山西巡抚吕坤编过的《续小儿语》、吕坤的父亲编过的《小儿语》、我们今天讲的《弟子规》。第三类是讲知识、常识的，比如培养孩子们的历史知识，唐朝人编了一本《蒙求》；明朝人也编过《龙文鞭影》《幼学琼林》。第四类是教读书写诗作文的，如大家熟悉的《笠翁对韵》《古文观止》。

在中国古代，蒙书教育基本是三个阶段。首先教你识字、认字、写字。你学习达到一定的字数，比如把"三百千"都读完了，就可以初步阅读，最后是写诗，写文章。我们知道，从宋朝开始，科举真正就普及起来了，读书、参加科举考试，最后做官成了中国人的追求，因此科举制度是中国古代最成功的制度之一。明清时期科举考试要写八股文，因此私塾老师也要教学生们学作八股文。

这是我找到的一本《童蒙必读书》，光绪三年，广西巡抚涂宗瀛把这本家塾教材带到广西，强制推广到全省义学，其中就有《弟子规》《小儿语》。你能说它不重要吗？它难道过去没传播吗？"文革"时期把它作为批判用书去批判，如果它对社会没有冲击，为什么要批判？因此有一些不太负责任的说法，如《弟子规》过去不流行，传播是场骗局。我们要尊重历史，讲证据。

二、《弟子规》作者

教育史在教育学下面大概是二级学科。最早研究教育史的人许多都是学历史出身。我们研究《弟子规》这个课题，就可以看看《中国学前教育史》《中国古代教育史》之类的书。我习惯买一些纸质的书来研究课题。大家如果感兴趣，也可以找一些相关的书去读，当然现在使用电子书也可以。

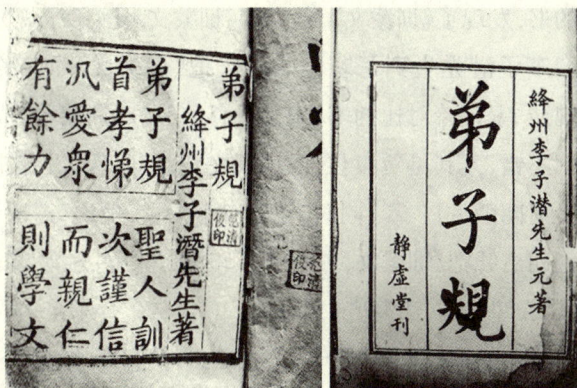

《弟子规》

近代以来,最为流行的蒙书之一就是《弟子规》,最近十年这本书特别火。找找清代民国的印本,书上标注的作者多是"绛州李子潜"。我们从网上搜了两个现在出版的《弟子规》,写的是清代李毓秀著。但是我们再去找,比如晚清版本的《弟子规》上书:"绛州李子潜原本,浮山贾存仁重订",这是一个介休人把它卖到了北京,人家给浮山县地方志崔勍同志扫描了一份。在北京大学图书馆,也找到一个比较珍贵的版本,是1855年道光的版本,"绛州李子潜先生元著,浮山贾存仁节订"。右边一种是北京师范大学第一任校长陈垣同志遗书《弟子规》,北京图书馆藏。

通过这样的展示,发现有一点重合不了,即对比发现,《弟子规》的署名,李子潜先生原著、元著、原本,贾存仁节订、重订,"节"就是删节,"重订"就是重新修订。

这段历史的先后关系是什么?过去人们也不是很清楚,也有人在追踪,但没有一个足够的证据。上海大学有个研究生黄灿,他的硕士学位论文做的是《弟子规》研究,后面附了一个《弟子规》,很珍贵,有序和跋。去年夏天我到上海,见到这个特别珍贵的版本原件。《弟子规》,古书把它叫作"书衣",上面是书签,书签上面是书名,里面这个是封面,今天叫"扉页",今天的书和古书元素方面有区别。

这本书写的是光绪七年(1881年)八月津河广仁堂刊,挺珍贵,有一个序,序里面讲到了,说这本书相传是绛州李子潜先生写的。这个写序的陕西三原人贺瑞麟是个理学家、教育家,他到了绛州,就收集李子潜的书,发现了《训蒙文》,他发现《训蒙文》比《弟子规》详细,他在想,会不会李子潜先生到了晚年的时候把《训蒙文》重新修订,改编为《弟子规》?紧接着对比两书,说是贾存仁改订《训蒙文》成《弟子规》,两本书都不错,尤其是贾存仁把《训蒙文》改编以后,没有违背原书的原意,但是更朗朗上口了。同时,他还有个倡议,他说,这次绛州如果有人愿意朗朗出钱把《训蒙文》一并雕版印刷,是一件利好事。这是1881年的版本,天津印的,津河广仁堂刊本。

注意,1881年这个版本,印的时候有底本,是1863年绛州印的《弟子规》,当时主持修订《弟子规》的人叫杨树椿,也是陕西人,要印刷的时候让贺瑞麟写的序,在1881年印的时候又写了一个跋,所以是一个序、两个跋。

贺瑞麟编了一套丛书《西京清麓丛书》,规模特别大,前后编了几十年,陕西当地的几个书坊刻板印刷这套书。所以如果没有贺瑞麟,李子潜的作品可能就流传不下来。这就是《弟子规》在同治元年(1862年)和同治二年(1863年)的故事。

贺瑞麟有文集传世,陕西师范大学有个老师主持整理出版了一套《关学文库》,里面有贺瑞麟的文集。

后面是1881年的两个跋,杨树椿修订的版本也是《弟子规》传下来的版本;1881年天津印刷《弟子规》的时候,是无锡的薛景清写的跋。他说,学了《弟子规》以后再念小学,所以我初步推断,《训蒙文》是5到8岁阶段小孩读的书。

《养蒙书十种》这套小丛书里面也收了《弟子规》。这里我跟大家交代一下,贺瑞麟在绛州见到的《训蒙文》和当时李子潜初编的《训蒙文》也可能存在内容差异,或不是同一本书,也就是说《训蒙文》也有不同的内容系统,如果有这个情况的话,梳理《训蒙文》到《弟子规》的版本就更复杂了。

总之,李子潜编了《训蒙文》,贾存仁节订、改编,把名字改成《弟子规》,这是我们通过清理《弟子规》的版本,得出的结论。

山西省历史文化底蕴特别厚重,底子是好的,山西历史文化、自然资源确实值得向别人宣传介绍。山西除了地级市以外,有几个地方文化基础特别好,比如北面的代县,南面的新绛,还有吕梁的汾阳,都是相当有历史的,新绛是全国历史文化名城第三批里的,李毓秀的名声很大,叫"李夫子",他的著作有《四书正讹》《四书字类释义》《学庸发明》《读大学偶记》《水仙百咏》,还有《宋儒大文约》,还有《训蒙文》《训女三字文注》,这都是他在私塾教孩子用的书。

李毓秀的墓志还没有挖出来,但如果到了新绛,可能也能找到李毓秀的墓。临汾南面太平县(今襄汾县境内)学者王奂曾给李毓秀写过一个墓志铭,收到了他的《旭华堂文集》里面。这个墓志铭讲他是1729年

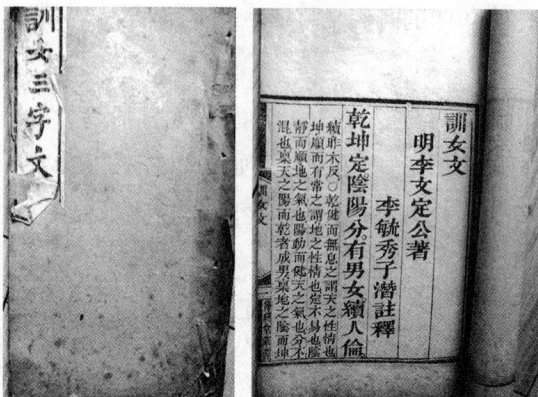

《训女文》与《训女三字文》

去世的，但是也有证据显示李毓秀在1733年还给他人写的碑，时间上面有出入。

李毓秀有一个再传弟子，是今天的夏县人，他有一本《敬业文集》，是稿本，其中写了"河东四先生传"，其中有一篇写的就是李子潜。河东四先生第一个是明朝时期的薛瑄。我们知道，山西最出人才的，长期出人才的，当然是晋南，毫无疑问。晋南的农业、人口、文化是长期以来不间断的，所以是晋省的重要之地。

《绛州志》里面有关于李毓秀的传和《敬业文集·河东四先生传》里的《李毓秀传》。

还有《训女三字文注》，李毓秀觉得这个《训女三字文》好，给它作了注。如果没有李毓秀作注，如果没有贺瑞麟印刷，可能就亡佚了。

三、贾存仁墓志的出土

李毓秀名气很大，会不会其中有些功劳是《弟子规》成就他的？李毓秀在当地有名气，但是我们不知道。但如果说他是《弟子规》的作者，那《弟子规》我们都知道。1729年李毓秀去世，山西省开始编纂雍正《山西通志》，历时五年。雍正《山西通志·经籍志》里面记的《训蒙文》作者就是李毓秀。所以我猜想，可能他的大名靠《弟子规》支撑的成分比较大。

相对来说，浮山贾存仁名气不太大，我们知道临汾东边有个浮山县，他的家乡，长期也不知道他和《弟子规》的关系。我们找到了历代《浮山县志》，里面仅是一个特别简单的传。如光绪、民国的《浮山县志》

里面,有不到100字的小传;山西有一本特别著名的光绪《山西通志》,也有他一个简传,收入文学类。贾存仁参加乡试,没考上举人,成绩还不错,中了副榜,有机会到国子监念书,事亲至孝,对父母特别孝顺,工书法,精韵学,所以他有能力把《训蒙文》改成了《弟子规》。家乡把他祭祀在孝悌祠。这里我还要补充一点,1990年左右,浮山县标点出版了民国《浮山县志》,把贾的著述两种书标点错了,合成了《弟子规正字略》。长期以来,浮山县不知道《弟子规》和贾存仁有关系,也没人宣传,就是这样的状况,近几年才改变。

范鹤年是清代洪洞人,进士出身,我找到了他的文集,叫《巍雪山房全集》,他为贾存仁写过一篇《懿行碑记》,可惜文集未收。他和贾存仁大儿子关系好,互相唱酬,有诗为证。中国人民大学搞清史工程,做了一件特别好的事,把800多种清人文集全部印出来,你如果研究明代、清代的历史,文集特别重要。到了2008年,贾存仁的墓志就挖出来了。过去有钱的,有身份的,死后都有墓志。讲究的墓志是一套,下面是志,上面是盖。贾存仁墓志就是这样,被挖了出来。

四、贾存仁的家世与生平

因为铁矿扩建,才挖出了贾存仁父亲的墓志、贾存仁的墓志。贾存仁生了两个儿子、一个女儿,他把二儿子过继给了他早亡的弟弟。到贾存仁去世时,要撰写墓志,当时他的长孙已经有一个女儿,他的第二个孙子已经有了一个男孩了。

我还从贾存仁家乡所在村的村主任家里找到了光绪年间的贾氏家谱抄本,挺珍贵。贾存仁这里写的是副榜,我刚才说了,副榜的人如果做了官,

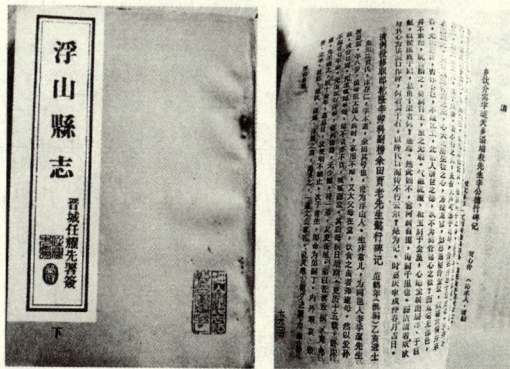

《浮山县志》

和举人、进士一样,是正途。就像宋朝的官员,科举是一类,门荫的是一类。

这是乾隆年间的贾氏祠堂,后来因为改作学校,所以被保存下来了。这儿写的"希望工程",外面的四根柱子用水泥把它糊住了。现在我们山西人还有在北京开会馆的,收购山西的文物,据说曾大量收购山西的柱础。柱础和台基合称基础,建筑术语,这是词语"基础"的来源。贾氏后人这样做,这是怕丢了柱础。

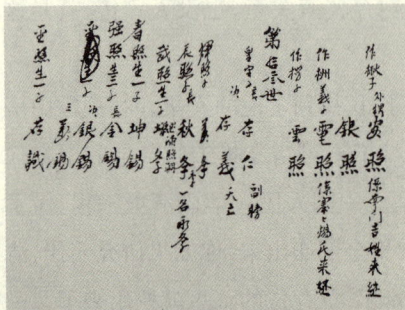

浮山县的宗教文化资源特别丰富,最著名的老君洞,道教石刻连环画,还有玉兔寺。我有一个研究生写文章,唐代的时候,一个浮山县全部的赋税不交政府,给谁呢?就给玉兔寺,当时规模最大的时候,有500僧人。那儿有一座龙角山,山上有唐代巨碑。

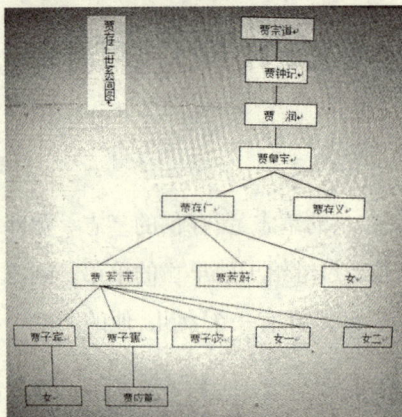

如果我们看他的墓志,结合他父亲的墓志。大家注意,墓志铭文,是人死了以后,家属提供一个简单的材料,由当时有名气的文人撰写这个墓志铭。这个要花钱的,叫"润笔费",中国古代很多文人名气很大,但是要价也很高,你让我写,我不轻易给你写。家属提供原始材料,有名人给你写成文章,然后你请书法好的人写成字,再请刻工把它刻到碑文上。如果你是官员,朝廷要审核;如果你是普通人,朝廷大致就不管了。我们过去说"追悼会上没坏人"。不管怎么样,人都死了,且原始材料家属提供,总要有所拔高溢美。这是阅读墓志时要注意的。

贾存仁祖上世居浮山城南之佐村,高祖举家迁居浮山城内,祖父贾润曾在平阳府为吏。古代的时候吏就是吏,官就是官,吏要成为官是相当不容易的,而官员要处理一些政务,主要靠吏员,我们看一些古装片,县太爷要拍板了,跟前的师爷过去耳语几句,这个人就是吏。贾存仁的父亲贾皇宝中了秀才,贾存仁是副榜,他的长子中了举人。算是当地的文化家庭。

贾存仁的外祖父是生员,长子贾若带妻卫氏之祖父曾任赵城教谕,次子贾若蔚妻乔氏父为举人。从上下这几代,从结婚的姻亲关系来看,门当户对,所以说他出生在诗书家庭,可以说没有什么问题。

贾存仁,浮山县人,生于雍正二年(1724年)二月二十二日,去世于乾隆甲辰(1784年)闰三月七日,寿六十一。生而颖悟,读书务求根底,对宋五子及理学诸书用功尤甚。事亲至孝,其母范氏生病十五年,侍奉左右,极尽孝道;抚弟友爱备至,交友切挚,接引后学殷殷不倦,言行起居有度,有儒家道德君子风范。少游庠序,甲子(1744年)科考未中,居艰后淡于进取,辛卯(1771年)乡试方中副车,时年47岁。

大家可能会说,贾存仁和李毓秀有没有交集?是有的。贾存仁1724年出生,李毓秀是1729年去世,交集就是四五年时间,不过这几年他是一个小娃娃,和李毓秀不会发生什么联系。中国古代只讲虚岁。墓志说他从小很聪明。妈妈病了15年,其中有7年下不了床,贾存仁7年不宽衣解带,就在跟前伺候妈妈。妈妈去世以后,他的父亲又找了一个20岁的夫人,两年以后继母也去世了。但是墓志里面讲,第二个夫人陪了他父亲12年。可能是小妾,后娶为妻。他对继母也很孝顺。贾存仁什么时候中的秀才不知道,中了秀才以后参加乡试,乡试没有考上,紧接着妈妈去世,中国古代要守孝,几年后父亲也去世了,继续守孝,这样就过去了一二十年,他再次参加乡试,到1771年终于中了副榜,当时47岁。《儒林外史》写的范进中举,写得特别活灵活现,你看看他那个岳父,杀猪的屠夫,对他前后什么态度?他当时已经中了举人了,只不过排名靠后。我们山西的司马光20岁的时候已经中了进士了,所以每个人的机遇不一样。私塾先生也有很多优秀的知识分子,比如郑板桥,他在今襄汾县就当过私塾先生。蒲松龄也是私塾先生,私塾里面确实有许多没有功名，但是特别有学识的，传承了民间的文化。孩子们走出私塾，只要合格就可以参加考试。

贾存仁47岁中了副榜，到了北京当家塾先生，到了谁家？周永年。周永年是参与主持辑佚《永乐大典》的馆臣。《永乐大典》全书编成是20000卷，在今天全世界只有800卷，仅是原有的百分之四。

中国古代有丛书和类书，丛书像《四库全书》，就是把完整的书一本一本汇到一起，我们山西省编过《山右丛书》，现在我们又在编《山西文华》。类书就是我找来一堆书，从各种书里面找材料，比如我要编关于苹果的，你把书中关于苹果的词、诗都汇集起来，要重新编排，取个名字，这叫类书。像《永乐大典》是类书，《四库全书》是丛书。

《四库全书》编纂的开始，就是辑佚《永乐大典》。这样的话，贾存仁和周永年有了接触，因而也与《四库全书》有了联系。有个姓冯的学者编纂过一本关于《易经》的书，要收入《四库全书》，周永年推荐了贾存仁去整理，完毕后，顺利过关，水平得到认可。贾存仁修订的《冯氏易》后来有没有收到《四库全书》里面，尚不知道。

乾隆皇帝年事已高，因为来不及雕版印刷《四库全书》，就开始抄，抄了七部，后来英法联军攻进北京，据说是烧了一部，太平天国起义军烧了两部半，现在保存下来的是三部半。

因为编纂《四库全书》，贾存仁和戴震相互有来往，他在北京《四库全书》馆和大学者的学术交流，证明了他的水平，至少也是很有水平的，这是一个被遗忘的山西学者。后来1776年回到家乡，1781年，去世的前三年他到浮山临近的安泽书院讲过学。贾存仁是在乡间隐居的当地学者，但确实在他的生平当中，参与过《四库全书》的编纂工作，我们也没有专门研究过。不知道还有哪些山西人参与过《四库全书》编纂工作，《四库全书》里面有哪些是山西人的著作？

五、贾存仁的著述

现在条件好了，我们能见到的书都是达到一定厚度的，至少二三十万字，正式出版的。如果我们关注古人，古人的著述是很多的，且内容多少不一，薄厚不同，有些是稿子还没来得及印，甚至印了，印的册数比较少，后来就逐渐亡佚了。因为我做古籍整理，一直留心中国的古籍到底有多少种，一直没有确数。前

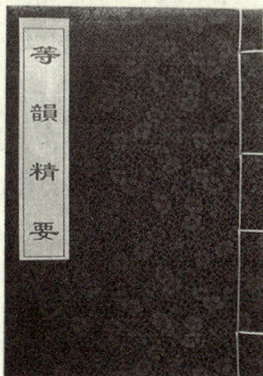

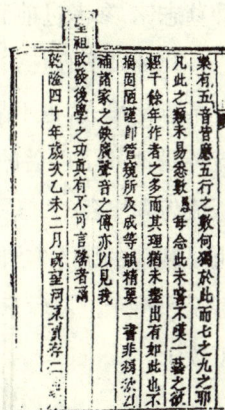

《等韵精要》

些年国家搞的一个大项目，后来出了一套《中国古籍总目》，过去说有8万、10万、12万，现在《中国古籍总目》说是20万，这个数字可靠吗？绝对不可靠。就像我刚才罗列的贾存仁的书，上面基本没收录。还有李毓秀的书，上面都很少收录。所以说，古人编纂的书流传下来的，没有登记的还有很多，比如全国的家谱有多少种？那统计不清楚。像我们山西的地方志，我这些年做研究，我们地方志刚刚退休的主任是沁水人，他给有的村志写序，说我们山西最早的村志是民国的，后来我在襄汾县发现了嘉庆年间的村志。我还找到了另外一种清朝中期的，名字就叫"镇志"，但我看到不是地方志，是镇史，和家谱一起流传下来的，抄到家谱里面，十来页。所以我们要梳理李毓秀的著作，梳理贾存仁的著作，也挺艰难的，主要通过他去世第二年，他儿子的朋友写的《懿行碑记》和《墓志铭》，贾存仁的著述编订成书的尚未有确数，大致分为三类：音韵学方面《韵诗考源》《等韵精要》《音汇》；教授童蒙的《弟子规》《正字略》；订正儒学典籍的《四书千一录》《冯氏易》，我们可以得出一个结论，他擅长音韵，他有一个音韵学基础，具备改编的条件。

传世的只有两种，这是从国家图书馆找到的《等韵精要》，是"贾氏家塾课本"。但是《墓志铭》里面没有讲到《弟子规》，为什么？他是1784年去世的，去世以后，一个学者为他写了传，一位同年写了墓志铭，他夫人还活着，15年以后他夫人也去世了，要合葬，他的儿子就约人写了合

013

葬墓志铭,参考过前面写的《贾存仁传》和墓志铭。

我怀疑贾存仁去世及稍后这个时段,《弟子规》名气不大,就没有收进墓志铭里去,也不是代表贾存仁学术成就的主要著述,而《弟子规》的流传是他死了以后的事。北京师范大学的徐勇教授讲,一本著作的出版流传和出名,大概要经历200年的时间。今天我们收集到的《弟子规》也是晚清的版本,当时可能流传不广,作者去世以后才逐渐流传起来,甚至风行于世。后来清朝有人说过,《弟子规》流行以后,《三字经》基本就废了。

六、改订《训蒙文》成《弟子规》

首先,这是他教授童蒙的教材需要,加上他擅长音韵,就把《训蒙文》改订,同时把书名改编成《弟子规》,今天流传下来的《弟子规》,主体就是贾存仁改定本,这个我做过研究。贺瑞麟作序说过:"贾之重订,固不能没先生之实,但其明白简要,较便初学,盖为有功于先生者,而改今名亦切事实,正童稚之脚跟,开圣贤之涂辙,殆与原书无异旨也。"杨树椿跋曰"立言显黩,深俾童蒙""语语浅近,垂髫读之,易知易行"。

运城新绛县有一批文化爱好者,他们都在积极收集李毓秀的资料,还有西安李毓秀的后裔李铠,他说《训蒙文》就是他们家的家训。

这就是我们找到的《训蒙文》,过去谁都不知道它的存世,这是李毓秀口述,他的两个学生"重刊",说明前面已经成书了,前面有李毓秀作的序。

> 天生人　各有命　人受之　是曰性
> 性即理　初无形　浑然善　莫减增
> 右总叙
>
> 立人道　曰仁义　言其实　惟孝弟
> 我有气　本诸父　我有体　成诸母
> 时拊畜　时长育　顾复勤　出入腹

父德天　母德地　见之行　事如见

待大人　审应对　谨坐起　严进退

这是《训蒙文》,而《弟子规》完全讲的是具体的,好像《训蒙文》有点儿形而上,《弟子规》则细致入微,更生活化,两书明显是不一样的。

这是今天我们见到的这个《训蒙文》版本,上面是注解,下面是原文,或者两种书合刻到一起。而《训蒙文》,每部分之后还有注文,这个注文也看不清楚,所以我们无法准确通过比较两书的文字内容来确定两书的因袭关系,这些照片内容比对,《训蒙文》(部分)342个字,只有51个字是一样的,其他都不一样。这样一比较,如果我们单纯从这两本书的内容去考量,传世《弟子规》主要功劳应该就是贾存仁,不是李毓秀,贾只是参考了李的编纂体例,承用了部分内容,现在尚不能确定承用的比例究竟有多少,就目前了解的情况来看,内容主体都是贾存仁写的。

第二,就是贾存仁对儒家伦理的简易化弘扬。尽管《墓志铭》里面没有讲他有《弟子规》,但是大家看,他的妈妈病了15年,7年不下床,他7年侍奉左右,就是讲的"亲有疾,药先尝。昼夜思,不离床"。他对早逝弟弟及友朋的态度,父母去世的居丧守孝态度,与《弟子规》宣讲的基本都能对应上。他的言行举止,就是"入则孝,出则悌,谨而信,泛爱众,而亲仁,行有余力,则以学文",他在教书育人的过程当中,无疑会传授这种理念。

注意还有一个最要命的因素,我们现在见到所有的《弟子规》,都没有单独署名"贾存仁"的。大概贾存仁改订完以后,署名仍然把自己放到第二,李毓秀放到第一,这样流传开来,有的后人图省事,久而久之,就把署名第二者直接删掉了。贾存仁确实改编了,改编幅度这么大,还把自己放到第二,说明这个人的道德情操比较高,属于谦谦君子。

我就讲这么多吧,谢谢大家!

话说北朝晋阳

常一民

九三学社社员、中国古都学会理事、中国考古学会会员，山西省考古学会常务理事、文博研究馆员、太原市文物考古研究所副所长。太原优秀专家。

常一民同志长期从事太原地区的文物保护和研究工作。对太原地区的历史考古特别是晋阳古城遗址和北朝考古有深入的研究，主持或参加了太原北齐徐显秀墓、晋阳古城遗址、虞弘墓、太山龙泉寺塔基地宫等考古发掘。发表《太原隋虞弘墓》《晋阳古城遗址》《太原北齐徐显秀墓发掘简报》《唐北都城址试探》《太原地区的北齐墓葬》《展示古城内涵 弘扬晋阳文化》《宋毁晋阳城略论》等论文论著三十余篇。为《太原通史·史前——秦汉卷》主编和主要撰稿人。参加撰写的《太原隋虞弘墓》获国家文物局2005年十佳图书奖。主持发掘的王家峰北齐徐显秀墓获2002年全国十大考古发现奖，个人领队奖。

中国是一个多民族的大家庭,民族融合从古至今,一直是我们国家发展壮大,走向繁荣富强的动力源泉。在中国古代史上,从战国、两汉到隋唐、五代,以北纬38度线为界,形成一条西南—东北向穿越我国北方地区的农牧分界线。这条分界线以北,主要是以游牧为生的草原部落文化地带;分界线以南,则是传统的以汉族为主的华夏族聚居区,属于旱地农业文化地带。分界线南北两种不同生产生活方式,导致了古代中国北方旷日持久的民族冲突和融合。这种民族的冲突与融合,不同程度地左右着中原王朝的治乱兴替。晋阳处在这条分界线的附近,晋阳之民受游牧民族剽悍善战、骑射尚武精神的影响,"人性劲悍,习于戎马","故自古言勇侠者,皆推幽并"。"燕赵自古多慷慨悲歌之士"。幽并的"并"指并州,燕赵的"赵"就指的是我们山西太原(当然还有河北)这个地方。晋阳之兵也是素质精良,南征北战,所向无敌。

各位好,首先感谢在座诸位,感谢九三学社山西省委员会和山西省图书馆给我这个机会和诸位共同回顾和探讨那段时间不长、但却十分重要的历史——东魏北齐时期的晋阳。

首先说晋阳。所谓的晋阳实际上是一个比较古老的地名,是从春秋晚期出现的,它是我们太原地区见诸文献记载最早的行政区划名。至于太原这个地名,它出现的时间虽然更远,但却不一定专指我们今天的太原。专指太原的行政区划名是公元前248年,秦庄襄王二年初置太原郡才有的。晋阳城从春秋晚期建成以后,到宋初焚毁,近1500年间城址没有变动。某种程度我们可以说,晋阳一词特指太原1000年前那段城建史。当然我们说到晋阳这一名称时,有时候也泛指太原盆地。

说到北朝晋阳,我们更多指的是北朝晚期。从历史朝代上讲,大概就是东魏北齐,从公元530多年到577年这么一个时间段。一共50多年。这一时期的太原,是一个关系全国局势的国际化大都市,在政治、经济、军事等等方面,为大唐王朝的定鼎中原奠定了基础。可以说,这是晋阳对中国历史做出的最大贡献。

对此问题,过去的研究者多有讨论。明末清初大儒顾炎武说得特别中肯。他说:"(晋阳)魏齐周隋梁唐晋汉以及十六国之君分方窃据,互相吞食,得此者昌,失此者蹙,先至者胜,后至者覆,匪直人谋,实势之使然也。"某种程度可以说,这就是北朝晚期晋阳城核心价值所在。

在谈及北朝晋阳之前,我们先了解一下晋阳的地理形势和人文环境。

先说地势。明代历史地理学家顾祖禹曾经说过:"(太原)府控带山河,踞天下之肩背,为河东之根本,古今必争之地",说的就是我们山西,说的就是太原。晋阳地处山西高原中心,雄跨晋中盆地腹地。它所处的黄土高原东有太行山为天然屏障,阻隔华北大平原,西南皆以黄河作为襟带,连接陇西、关中和广大的中原地区。自中原回望,山高万仞,表里山河。具体到晋阳城周围,更有石岭关、天门关、蒙山、交山、阴地关、南关、马岭关、旧关、娘子关、白马关、卧虎山等关山环列。进可攻,退可守。这样天造地设的地理形势,赋予晋阳控制全局的重要战略地位,成为中国北方的军事重镇。作为军事重镇,一方面是山西大的地理环境所造就;另一方面与它所处地理位置的人文环境息息相关。

中国是一个多民族的大家庭,民族融合从古至今,一直是我们国家发展壮大,走向繁荣富强的动力源泉。在中国古代史上,从战国、两汉到隋唐、五代,以北纬38度线为界,形成一条西南—东北向穿越我国北方地区的农牧分界线。这条分界线以北,主要是以游牧为生的草原部落文化地带;分界线以南,则是传统的以汉族为主的华夏族聚居区,属于旱地农业文化地带。分界线南北两种不同生产生活方式,导致了古代中国北方旷日持久的民族冲突和融合。这种民族的冲突与融合,不同程度地左右着中原王朝的治乱兴替。晋阳处在这条分界线的附近,晋阳之民受游牧民族剽悍善战、骑射尚武精神的影响,"人性劲悍,习于戎马","故自古言勇侠者,皆推幽并"。"燕赵自古多慷慨悲歌之士"。

幽并的"并"指并州,燕赵的"赵"就指的是我们山西太原(当然还有河北)这个地方。晋阳之兵也是素质精良,南征北战,所向无敌。

晋阳的这一特征,在北朝晚期表现尤为突出。各种因素汇聚在一起生根发芽,最后使晋阳成为一个左右中国政局的国际化大都市。

下面主要谈三个内容。

一个从历史记载特别是考古发现来看北朝晋阳的政治和文化,看看当时的晋阳是多么繁华,晋阳军队的实力有多么强大;另外我们简单地探讨一下,那么辉煌灿烂,并且强盛一时的北齐王朝,最后怎么覆灭的;最后总结一下北朝晋阳对于中国历史的贡献。

一、晋阳是东魏北齐的政治权力、军事和文化中心

首先,我们说"权力中心",想到的自然是首都。首都在哪里,权力中枢就在哪里;首都在哪里,它的经济、文化,包括它的军事,一定就会跟着在哪里。东魏北齐的首都并不在山西,也就不在晋阳。它在哪儿呢? 在当时的河北,叫"邺城",即现在的河南安阳。东魏北齐的首都在邺城,但是东魏北齐有两个在当时来说非常重要的历史名词,一个叫"霸府",一个叫"别都"。"霸府"指的是什么? 指的就是丞相府,东魏时期国家的首都是在邺城,但是其管理国家的丞相府却在太原,在晋阳。而且这个丞相府冠以"霸"字,实际上说明晋阳才是国家的权力中心。

到了北齐时候,首都依然是邺城,可是晋阳叫什么呢? 叫"别都",一个"别"字,和我们通常所说的"陪都",有云泥之别。"别"就是"另一个"。通过这两个名词,我们可以看出来,当时东魏北齐的权力中心不在邺城,而在晋阳,最起码也是并驾齐驱。

晋阳古城遗址出土北齐造像(一)

北魏分裂后，东魏北齐、西魏北周、南朝鼎足而立，三国之中，北强南弱，以东魏人口最众，实力最盛。这一时期，长城内外、大江南北，晋阳堪为宰辅重镇、霸府别都。

北魏永熙元年（532年），高欢灭尔朱氏，平并州，以"晋阳四塞，乃建大臣相府而定居焉"。永熙三年（534年），高欢胁迫孝静帝迁都邺城，（《北史·齐本纪上》）高欢以晋阳为根据地，遥控北魏朝政，自此奠定了晋阳作为陪都在东魏北齐时期政治和军事上的特殊地位。"神武留洛阳部分，事毕，还晋阳。自是军国政务，皆归相府"。

东魏武定七年（549年）高澄遇刺亡于邺，高洋将高澄藏于房内，密不发丧，诈称高澄外出，以安人心。高洋以重兵皆在晋阳，急赴晋阳。大会文武百官，神采英扬，众皆大惊而服。

文宣帝高洋登基之初，曾下诏："并州之太原、青州之齐郡，霸业所在，王命是基。君子有作，贵不忘本，齐郡、渤海可并复一年，长乐复二年，太原复三年"。

北齐，改并州大行台为并州尚书省，继设兵曹，武备抗衡天下，号称别都。

由此可见晋阳才是北齐真正的首都。北齐的宗室国戚、勋贵权臣大多长住在晋阳。高欢的原配，在北齐政治上特别是在皇位继承问题上有着决定性影响力的娄太后，基本上都住在晋阳。

晋阳皇宫壮丽有逾邺都，又有大明宫。北齐五帝，文宣帝高洋崩于晋阳南宫德阳堂，发丧于宣德殿；废帝高殷即位于晋阳宣德殿；孝昭帝高演即位于晋阳宣德殿，崩于晋阳宫；武成帝高湛即位于晋阳南宫；后主高纬即位于晋阳宫。也就是说，除了高洋接受东魏的禅让是在邺即位外，北齐皇位传接仪式几乎都是在晋阳完成的。

外国使节来朝，也是先到晋阳，商讨完军国大事以后，才到邺城履行手续。

隋唐时期的晋阳城，在全国的政治格局中仍然处于极其重要的地位。

杨坚计划代北周建立隋朝时，先派人取得晋阳军事主管李穆的支

持,才敢实行废立,
建立隋朝。杨坚代
隋后深知晋阳的重
要,他有五个儿子,
其中杨广、杨俊、
杨谅三个儿子先后
出镇并州。

李渊、李世民
父子也是在晋阳举
义,南下长安,建立
大唐王朝。

晋阳古城遗址出土北齐石刻造像(二)

种种事例都说明晋阳城在东魏北齐乃至隋唐时期,是全国举足轻重的重要都市。

其次,晋阳城的城市建设也是规模宏大。

东魏北齐时期,晋阳城建设达到空前规模。东魏北齐在晋阳营建大丞相府、晋阳宫、大明宫,起十二院,晋阳宫陆续建有宣光殿、建始殿、嘉福殿、仁寿殿、德阳堂、宣德殿、圣寿殿、修文殿等,形成一个庞大的宫殿群。武成帝高湛"诏子琮监造大明宫"。后主高纬"于晋阳起十二院,壮丽逾于邺下。所爱不恒,数毁而又复"。"夜则以火照作,寒则以汤为泥,百工困穷,无时休息"。"穷极工巧,运石填泉,劳费亿计,人牛死者不可胜纪"。晋阳城建筑规模空前,壮丽超过邺都。时人称其为"金城汤池,天府之国"。

晋祠在这一阶段也有大量的建设。南朝姚最(536年—603年)《序行记》写道:北齐"高洋天保(550年—559年)中,在晋祠大起楼观,穿筑池塘,自洋以下,皆游集焉"。

文献上记载的晋阳城是如此宏伟壮丽。晋阳城出土的诸多文物也显示出了当时晋阳城的繁华富庶。

北齐晋阳城东西4500米，南北2700米，周回14900米。面积121.5万平方米。城中建有晋阳宫、大明宫，官署、寺院、市场、手工作坊以及民居等。

大量精美的石刻造像以及高规格建筑构件的出土，显示出晋阳城在东魏北齐时期佛教艺术的兴盛、宫殿建筑的繁华壮丽。

晋阳城西山一代的寺观石窟也是晋阳城的有机组成部分。

晋阳城西延绵起伏的天龙山、蒙山、龙山之上均建有北朝佛教寺院，体量巨大的摩崖造像和错落有致、雕凿考究的洞窟石刻，它是北朝晋阳皇室斥巨资营建的石窟寺院，也是晋阳城繁华富庶的见证。

天龙山现存洞窟25个，东西绵延500余米。其中东魏洞窟2座、北齐洞窟3座、隋代窟1座，其他均属于唐代洞窟。天龙山东魏、北齐洞窟题材丰富、造像精美，雕刻工艺水平高超，是这一时期石窟造像杰出的代表。

蒙山开化寺位于山西太原市西南15公里蒙山之阳，为北齐天保末年（559年）文宣帝高洋所始创。《北齐书》所载：后主高纬"凿晋阳西山为大佛像，一夜燃油万盏，光照宫内"。蒙山大佛为北朝第一大佛，佛龛前

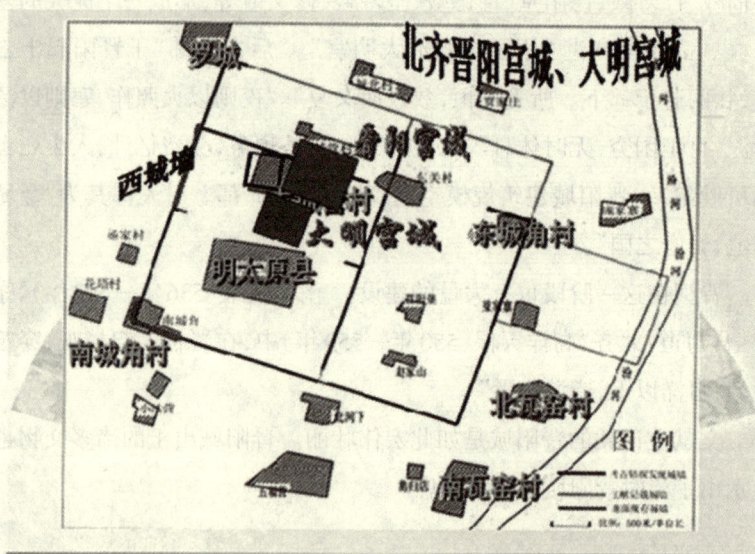

北齐晋阳城示意图

曾建有木构大阁。开化寺分为上下寺，蒙山为上寺，下寺在古晋阳城内。据测量坐佛通高38米。其中佛座高4.5米，新佛首高12米。

蒙山大佛

童子寺遗址位于太原市西南约25公里龙山之北峰，寺院坐西朝东。寺院分为南北两个部分，相距65米。北部为大佛阁遗址，佛阁后接摩崖敞口式大龛，龛内为无量寿佛、观世音、大势至菩萨，风化十分严重，只能看出造像的轮廓。特别是主尊无量寿佛头部高6米，身体高20米以上，仅次于西山大佛。佛阁前有一座高达5.03米的北齐燃灯石塔，是中国最早的燃灯石塔。

其三，晋阳的文化艺术代表了当时的最高水平。

作为东魏北齐的别都，政治权力的中心，才华之士云集于晋阳。文化艺术总是追随和依附着政治权力，古今中外，概莫能外。晋阳独特的权力中心地位，必然形成一个生活奢华的贵族阶层和傍附权贵的文化圈，以及追求华美的社会风气。一个高层次高品位的文化氛围，自然会在晋阳渐次生成，开花结果。

晋阳的文化新面貌，就是东魏北齐文化的代表。初露真容的晋阳古城遗址、历经沧桑的天龙山石窟和蒙山大佛遗存，近年出土的娄叡墓壁画、徐显秀墓壁画和虞弘墓石棺等，无不令人惊艳。他们代表着当时中国最高的文化艺术水准与成就。标志着晋阳在政治和经济各方面的高度发展，标志着这个城市中外文化交流中国际化大都市的地位。

太原地区北齐墓葬分布较为密集，且品级较高，与霸府别都的军政地位互为印证。

从20世纪50年代至今，文物部门在太原地区陆续发掘清理的北齐大型墓葬已有19座之多，其中有太尉、武安王徐显秀墓，太尉、顺阳王库狄回洛墓，太尉、东安王娄叡墓，大将军、武功王韩祖念墓，安定王世子、骠骑大将军贺拔昌墓，大司马、安德王韩轨之父韩买奴墓，泾州刺史狄湛墓，青州刺史韩裔墓以及处士金胜村壁画墓等。以上墓主大多身份特殊、地位显赫、位列宰辅三公，是高齐政权的核心人物。太原地区除没有发现北齐皇室成员墓冢外，自王级以降各级官员的墓葬均有出土。

娄叡墓是我国北朝考古的重大收获，其壁画填补了中国美术史北齐实物画作的空白。徐显秀墓荣获"2002年全国十大考古新发现"。虞弘墓被评为"1999年全国十大考古新发现"和"中国20世纪百项考古大发现"。

太原北齐墓表现出相当高的文化品位。娄叡墓和徐显秀墓精美的壁画，代表着北齐绘画的最高水平，明显高出邺城地区和青州地区的发现。这是晋阳汇聚着一流画家的最好证明。其他如库狄回洛墓壁画亦当高手所为；金胜村北齐壁画墓画风和手法颇类高润墓；韩祖念墓壁画别具一格，稚拙率真的民间意趣，前所未见；□憘墓壁画虽残毁殆尽，但残存的袍和履式样明显具有褒衣博带的南朝风格；传出于山西（太原）的Moiho北齐石棺画，还有稍后的隋虞弘石棺画则属于外来的式样。目前北齐墓葬壁画已知的几套"粉本"，在晋阳地区都可见到，而且还有别处所无者。可以确认在北齐晋阳的画家群体中，不仅有顶级高手，而且涵盖了当时所有的绘画风格和流派。在研究北齐绘画的发展状况时，如果不便说晋阳是最重要的城市，至少是与邺都并驾齐驱的另一个文化艺术中心。

娄叡墓是迄今为止太原地区出土的最高级别的北齐墓葬。

娄叡墓出土的鞍马人物壁画

娄叡,鲜卑望族,高欢妻娄昭君内侄,历封东安王、太尉、大司空等职,武平元年(570年)卒。娄叡墓壁画轰动了文物考古界、绘画艺术界,是"上承魏晋,下启隋唐"的代表作。墓葬壁画长卷多栏式布局,残存220余平方米,71幅,描绘出行、回归仪仗。娄叡墓是我国北朝考古的重大收获,也是迄今为止太原地区出土的最高级别的北齐墓葬,其壁画作品填补了中国美术史北齐实物画作的空白。

徐显秀墓位于迎泽区王家峰村,是继娄叡墓之后的北齐又一重大考古发现。2001至2002年完成田野考古工作。墓葬所有壁面均绘制壁画,面积330余平方米,

娄叡墓出土器物

长卷单栏式布局,描绘星辰、伎乐、出行仪仗,场面铺排,气氛热烈。徐显秀墓荣获"2002年全国十大考古新发现"。徐显秀墓是继娄叡墓之后太原北齐考古又一重大发现,彩绘壁画堪称北齐绘画的杰出代表,是目

徐显秀墓壁画墓主人宴饮奏乐图

徐显秀墓出土陶俑

前出土的保存最完整的北齐大型壁画墓。

晋阳当东魏北齐之际是一个国际化大都市。

自东汉后期起，太原就是北方游牧民族和中原汉族交往融合之地，也是通过丝绸之路与东西方进行物质和文化交流的中心之一。

东汉末年南匈奴内迁，大多数被安置在并州。五胡十六国时期，匈奴人刘渊、羯胡石勒的政权都先后以太原为中心。北魏、东魏和北齐时期，太原作为北方的一个政治中心，更是吸引了大批的外来民族大批胡人来到晋阳，带来了不同的文化因素。

仅以历史上著名的"并州之胡"与出土文物举例说明。

南北朝时期，围绕晋阳，有一个历史名词总是频繁出现——"并州之胡"。它与晋阳古城历史文化密切相关。所谓"胡"，就是古人对汉族以外的其他民族的泛称，既指北方草原游牧民族，也指来自西域乃至中亚的粟特人民族。晋阳以其特殊的地理位置和历史进程，与各种胡人发生了难解难分的纠结与故事。

东汉曹操"留骑督太原乌丸王鲁昔,使屯池阳,以备卢水。昔有爱妻,住在晋阳。昔既思之,又恐遂不得归,乃以其部五百骑叛还并州,留其余骑置山谷间,而单骑独入晋阳,盗取其妻。已出城,州郡乃觉;吏民又畏昔善射,不敢追。习乃令从事张景,募鲜卑使逐昔。昔马负其妻,重骑行迟,未及与其众合,而为鲜卑所射死"。

北魏太武帝拓跋焘与南朝交战,其战书写道:"吾今所遣斗兵,尽非我国人(鲜卑人)。城东北是丁零与胡,南是氐、羌。设使丁零死,正可减常山、赵郡贼;胡死,减并州贼;氐、羌死,减关中贼。"

隋虞弘墓志记载(虞弘)"大象(579年—580年)末,左丞相府迁领并、代、介三州乡团。"并即太原,代即平城,介即介休,约当今大同至介休一带。乡团一词在周末隋初流行使用,曾经是北周府兵制的一部分。居住在城里的军人设立军坊,居于田野的军人谓之乡团。据研究:"乡团除了和军坊对举,住在乡间,还有一层意义是有时带有宗党、义从的地方宗党纽带"。因此,虞弘所兼领的乡团,应带有宗党的性质,很可能就是以信奉火袄教为主的西域胡人所组成的军队。

文献记载和考古发现都说明,晋阳地区域外民族众多,甚至可以组成独立的军队。

太原北齐、隋代墓葬中出土了众多流光溢彩、充满异域风情的文物,这些文物从不同方面反映了民族文化交流的盛况。尤其是隋代虞弘墓及虞弘本人的身份,更是直接凸显了北朝时期太原国际化大都市的地位。

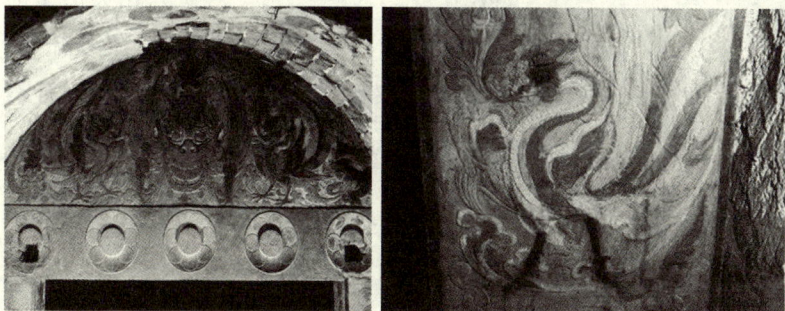

徐显秀墓石门

徐显秀墓石门雕刻的翼兽、衔枝神鸟等均非中国传统神兽,充满异域特色。

徐显秀墓出土的蓝宝石金戒指,双狮口衔连珠纹戒托,蓝宝石戒面雕刻手执法器,头戴面具的神像,无论制作工艺还是装饰图案都有着强烈的域外风格。

贺拔昌墓出土的杂技俑、辫发俑,韩祖念墓出土的高脚玻璃杯等也都充满了域外风情。

如果说其他墓葬还只是包含着域外风情的话,那么晋祠王郭村发掘出土的虞弘墓,则是典型的外国人墓葬。

虞弘,中亚鱼国尉纥驎城人,北周任职"检校萨宝府"("萨宝",梵语音译,意为商队队长),职掌人华外国人事务,隋开皇十二年(592年)卒。葬具为歇山殿堂式汉白玉棺椁,椁外壁描金彩绘浮雕图案47幅,展现中、西亚地区宴饮、狩猎、祭祀等民俗风情。陪葬品有汉白玉、砂石男女俑、石灯等80余件。虞弘墓保存完整,内涵丰富,是反映古代西域民族文化的珍贵实物资料,对研究相关历史时期中西文化交流、丝绸之路和晋阳社会面貌具有重要价值。

歇山式汉白玉棺椁满饰彩色异域风情浮雕画,是体现中西文化交融的又

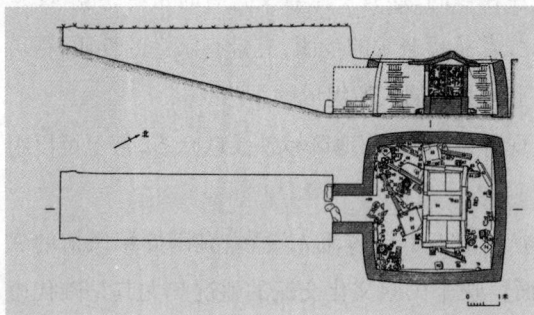

隋虞弘墓平、剖线图

隋虞弘墓棺椁

一力作。

虞弘墓中,除了墓葬外形和记述墓主人的墓志所采用的是中国传统的形式之外,其他如虞弘的经历、石椁图案所表现的故事内容,人物的服饰器皿、动物花卉、随葬器物等显然和中华传统文化不同,有着强烈的外来文化色彩。更多的可能是位于伊朗高原的波斯粟特文化因素。

石椁各图像题材丰富,表现了墓主人生活的各个侧面,有通过狩猎、搏杀群狮等情景描绘粟特、波斯、突厥民族勇敢精神的;有通过乐舞、宴饮等情景表现这些民族美好生活的;有通过祭坛、神灵等细节显示这些民族的信仰和神话的。总而言之,这些图像展现给我们一幅幅丰富多彩、新鲜生动的异域生活画面。

总之,无论是历史记载还是出土文物都说明晋阳在北朝晚期是一个文化昌盛的国际化大都市。

二、北齐覆灭原因简述

北齐建国于公元550年,灭于577年,计27年。

北齐建国之初,国力强盛,远非北周与南朝陈所及。然而短短的二十七年之后,为北周所灭,原因当然是多方面的。

半个世纪之后,唐太宗李世民下令编撰的"五朝史",总撰官魏徵在北齐帝纪末尾增加了一篇总论,对东魏北齐的兴亡做了总结分析,可谓中肯切要。

神武以雄杰之姿,始基霸业;文襄以英明之略,伐叛柔远。于时丧君有君,师出以律。河阴之役,摧宇文如反掌;涡阳之战,扫侯景如拉枯。故能气慑西邻,威加南服。王室是赖,东夏宅心。文宣因累世之资,膺乐推之会,地居当璧,遂迁魏鼎。怀谲诡非常之才,运届奇不测之智;网罗俊义,明察临下;文武名臣,尽其力用。亲戎出塞,命将临江,定单于于龙城,纳长君于梁国。外内充实,疆场无警。胡骑息其南侵,秦人不敢东顾。既而荒淫败德，罔念作狂；为善未能亡身，余殃足以传后。得以寿终，幸也；胤嗣不永，宜哉。孝昭地逼身危，逆取顺守；外敷文教，内蕴雄图；将以牢笼区域，奄有函夏，享龄不永，绩用无成。若或天假之年，足使秦、吴旰食。武成即位，雅道陵迟，昭、襄之风，摧焉已坠。暨乎后主，外内崩离；众溃于平阳，身禽于青土。天道深远，或未易谈；吉凶由人，抑可扬榷。观夫有齐全盛，控带遐阻，西包汾、晋，南极江、淮，东尽海隅，北渐沙漠。六国之地，我获其五；九州之境，彼分其四。料甲兵之众寡，校帑藏之虚实；折冲千里之将，帷幄六奇之士，比二方之优劣，无等级以寄言。然其太行、长城之固，自若也；江淮、汾、晋之险，不移也；帑藏输税之富，未亏也；士庶甲兵之众，不缺也；然而前王用之而有余，后主守之而不足，其故何哉？前王之御时也，沐雨栉风；拯其溺而救其焚，信必赏，过必罚，安而利之。既与共其存亡，故得同其生死。后主则不然。以人从欲，损物益己。雕墙峻宇，甘酒嗜音，廛肆遍于宫园，禽色荒于外内。俾昼作夜，罔水行舟；所欲必成，所求必得。既不轨不物，又暗于听受；忠信弗闻，萋斐必入。视人如草芥，从恶如顺流。佞阉处当轴之权，婢姬擅回天之力。卖官鬻狱，乱政淫刑；剖割被于忠良，禄位加于犬马。谗邪并进，法令多闻。持瓢者非止百人，摇树者不唯一手。于是土崩瓦解，众叛亲离。顾瞻周道，咸有西归之志，方更盛其宫观，穷极荒淫，谓黔首之可诓，指白日以自保。驱倒戈之旅，抗前歌之师；五世崇基，一举而灭。岂非镂金石者难为功，摧枯朽者易为力欤。

魏徵总结说："皇天无亲，唯德是辅；天时不如地利，地利不如人和。齐自河清之后，逮于武平之末，土木之功不息，嫔嫱之选无已，征税尽，人力殚，物产无以给其求，江海不能赡其欲。所谓火既炽矣，更负薪以足之，数既穷矣，又为恶以促之，欲求大厦不燔，延期过历，不亦难乎！由此言之，齐氏之败亡，盖亦由人，匪唯天道也。"而统治阶级的荒诞残忍,滥杀无辜,不能不说是北齐灭亡的主要原因之一。

北齐诸帝在皇位争夺中上演了一出又一出的闹剧,发人深思。

借唐李商隐的两首诗来看北齐皇室的荒诞不经。

其一

一笑相倾国便亡,何劳荆棘始堪伤。

小怜玉体横陈夜,已报周师入晋阳。

其二

巧笑知堪敌万机,倾城最在著戎衣。

晋阳已陷休回顾,更请君王猎一围。

诗中所说的君王即为北齐后主高纬,而小怜即后文提到的冯淑妃。后主高纬上台后,封陆令萱为女侍中。陆令萱、和士开、高阿那肱等小人把持朝政,勾引亲党、贿赂公行、官爵滥施。一时之间,奴婢、太监、娼优等人都被封官晋爵。天下开府一职的官员达到1000多人,仪同官职难以计数。高纬的牛马狗鸡的地位和大臣们一样,他的爱马封为赤彪仪同、逍遥郡君、凌霄郡君。斗鸡的爵号有开府斗鸡、郡君斗鸡等。

非但如此,北齐皇室更是视人命如草芥。

据记载:北齐南阳王高绰,武成长子。有妇人抱儿子行路,看见他躲避进草丛中,高绰上去夺其儿喂了波斯狗。妇人号哭不住,高绰怒,纵狗让吃掉她,狗不吃,将儿血涂到她身上,方才吃掉。有人奏报,诏命锁高绰来治罪。后主听他交代犯罪细节,反而觉得有意思,于是宽宥之。后主又问在州里何事最可乐,回答:"看许多蝎子蜇人极乐。"后主马上下令连夜找蝎子一斗,到天亮时只得到三二升,放入浴缸,使人裸卧其中。那人号叫辗转,后主与高绰在旁观看,高兴得又笑又叫。抱怨高绰说:"如此有趣乐事,为什么不早点快马奏闻?"

更为荒唐的是,高纬与大臣议事时,冯小怜或坐膝上或怀抱中。大臣觉得尴尬,奏对语无伦次,政事自然荒废。

当北周大军进攻北齐军队逼近平阳时,后主高纬却正和冯淑妃在宁武天池狩猎。晋州告急,从早晨到中午,驿马来了三次。右丞相高阿那肱说:"皇上围猎正在兴头上,边境有小小的军事行动,这是很平常的事,何必急着来奏报!"到傍晚,告急的使者再次到来,说"平阳已经陷落,"这才向后主奏报。后主准备回晋阳去打仗,冯淑妃却要求再围猎一次,高纬居然就听从了她的要求。于是让数万军士夜里举着火把,与冯小怜在山上玩了一个通宵。晋州陷落三天后,后主才回到晋阳,兴致勃勃地率十万军队南下,准备收复平阳。

齐军到平阳后,千方百计开始攻城。齐军挖地道攻城,城坍陷了一处,将士乘虚而入。可就在这紧急关头,后主突然命令将士暂停攻城。原来高纬想让冯淑妃观看这攻破敌城的胜利场面,故而令停止等待。这位爱漂亮的冯淑妃涂脂抹粉,很长时间才姗姗而来。这期间,周军早已用木板把缺口挡住了,齐军失去了攻城的有利时机。北周军队乘胜反击,攻破晋阳,攻破邺城。北齐最终覆亡。

三、北朝晋阳的历史贡献

隋末李渊、李世民兵起晋阳,建立大唐盛世,这一重要历史事件由晋阳发生绝非偶然。这里需要指出的是,随同李氏进入关中的不仅是一支强大的军事力量,更为重要的是北朝晋阳俊杰如祁县王珪和温大雅、温彦博、温大有三兄弟,文水木材巨商、则天女皇之父武士彠兄弟等等,皆入其幕。唐初名相十余,与晋阳有渊源者竟居其大半。当然还有晋阳富足的经济、先进的文化艺术以及自由开放、兼容天下的博大胸怀。如此一代人杰地灵风云际会于北齐灭亡仅40年的晋阳,誓师起兵,开邦立国,中国文明史发展达到了世界的巅峰!

史家黄永年曾明确指出:"东魏北齐之经济优越于西魏北周,以致文化上也远胜于西魏北周。……杨隋、李唐两朝的先人,本均是西魏府兵上层领导人物,而取得政权之后,却不囿于宇文泰所建立的比较落后的制度而采用先进的北魏、北齐以及梁、陈两源的制度。这固不能否认此两朝开国者的明智,但更可说明先进的文化确有其强大的吸引力,初非任何势力之能阻挠。"

陈寅恪先生《隋唐制度渊源略论稿》曾云："隋唐之制度虽极广博纷复,然究析其因素,不出三源:一曰(北)魏、(北)齐,二曰梁、陈,三曰(西)魏、周。"

具体而言。如徐显秀墓,其壁画展示了一种新的布局结构。这种讲求整体效果的大布局,改变了北朝壁画天上、人间和地下多层次画面相互独立的基本样式,使得魏晋以来墓葬壁画的结构发生了根本性的变化,成为唐代墓葬壁画先河;又如娄叡墓精美的瓷器,造型典雅,色泽醇和,是北方青瓷的代表;其中一件黄绿二彩釉小盂被认为与"唐三彩"有直接的工艺技术渊源;晋阳的城市建设也影响了唐长安城的建设,长安大明宫的建设就受晋阳城大明宫的影响。

晋阳对于隋唐最大的贡献更在于:经过魏齐半个世纪的经营,自身由一个军事重镇蜕变升华为一个具有全局意义的中心大都市,并形成了一个代表先进文化的人文环境,在当时的中国处于领先地位。晋阳这一千古名都在此过程中起到了举足轻重的作用。作为晋阳人,我们为此骄傲,更促使我们砥砺奋进,再铸辉煌。

李约瑟:从科学文化到传统文化

张培富

九三学社山西省委专职副主委,省政协常委、人口资源环境委员会副主任,山西大学教授、博士生导师,中共山西省委联系的高级专家;国家社科基金项目评审专家,教育部社科项目评审专家,清华大学、山东大学、南开大学等校博士学位论文评审专家,全国高校文科学报研究会常务理事,中国自然辩证法研究会理事,中国科技政策与管理研究会理事,科学社会学专委会副主任;山西省高校学报研究会理事长,山西自然辩证法研究会副理事长,山西省科学技术协会委员;高级咨询专家库成员。

主要从事科技哲学、科技史、科技与社会、社会科学、学术期刊、党派等方面的研究与管理工作。出版学术著作10多部,获省部级以上奖励10多项。发表《从中国科学体制到中国科学文化》《中国近代留学活动的历史走向与化学留学生》《技术创新过程的自组织进化》等学术论文100多篇。主持"中国的科学建制与科学文化""近代留学生与中国科学文化的发展""山西省留学人员科研资助项目调研分析"等省部级以上课题20多项。培养博士和硕士研究生108名。

为什么科学传统如此发达的中国,会在15世纪以后一蹶不振,没有能够与欧洲达到分庭抗礼的科学?这样的问题提出以后,引起了世界范围的思考。这个问题后来被称之为"李约瑟问题"。中国科学院前院长卢嘉锡曾经有过这样的评价,他说:"李博士是一位学识渊博、研究成绩卓著的科学家。他不仅在自然科学方面造诣很深,而且熟悉哲学、历史、文学和多种语言。他有很高的西方文化素养,又对东方文化有相当深刻的体验和理解,因而他能充分认识到,世界上各个国家和民族之间在科学技术方面是通过交流而相互渗透、互相促进的,整个科学技术的进步又是汇合了各个国家与民族科学技术的精华而加以发展和创新的结果……"

李约瑟

非常高兴今天与大家共同交流一个主题,关于科学文化与传统文化的关系,这在我们当今中国的社会和各界也是一个议题。今天我想通过一个学者的人生经历对这个问题有所思考。这个人物就是李约瑟。

李约瑟的经历使得中国和世界对于科学、对于文化和对于文明有了更多的思考,从李约瑟自身,我们可以看到这样几个问题:他作为一个西方的科学家,从小耳濡目染的是科学文化,但是最终他走向了热爱中国传统文化的道路。对中国来讲,我们有非常发达的、先进的人文文化传统,但是今天,科学文化在我们中国大行其道,它们之间是个什么关系?就当今而言,我们九三学社有170多位院士,院士代表的是科学文化,然而在我们这个国家,目前发展中的许多问题是需要人文文化去解决的,对于我们中国的未来发展,我们应该持什么样的文化观念去指引社会的发展,这是我们应该思考的问题。

在中国,应该很多人都知道李约瑟,至少在中国的科学界很多人是了解他的,主要是因为他写了《中国科学技术史》这部著作。实际上最先翻译这部著作的是台湾学者,他翻译成《中国的科学与文明》,大陆翻译成《中国科学技术史》。这部著作的出版,一方面使人们对中国的科学文明有了更加广泛的认识;另一方面,使中国人很汗颜,这部著作在出版之前,中国自己人没有写出来,一个外国人把中国的文明、中国的科学广泛地介绍到世界,而中国人自己没有做到。

为什么科学传统如此发达的中国,会在15世纪以后一蹶不振,没有能够与欧洲达到分庭抗礼的科学? 这样的问题提出以后,引起了世界范围的思考。这个问题后来被称之为"李约瑟问题"。中国科学院前院长卢嘉锡曾经有过这样的评价,他说:"李博士是一位学识渊博、研究成绩卓著的科学家。他不仅在自然科学方面造诣很深,而且熟悉哲学、历史、文学和多种语言。他有很高的西方文化素养,又对东方文化有相当深刻的体验和理解,因而他能充分认识到,世界上各个国家和民族之间在科学技术方面是通过交流而相互渗透、互相促进的,整个科学技术的进步又是汇合了各个国家与民族科学技术的精华而加以发展和创新的结果。他令人信服地证明,在近代科学兴起之前,中国的科学技术不仅自成体系,而且对其他国家的影响也是巨大的。李博士这部著作内容丰富、取材广泛,尤其是对中国和西方科学技术做了大量的比较研究。正是通过详细而具体的分析与比较,这部巨著才能全面地论述了中国古代科学技术的辉煌成就及其对世界文明的重大贡献,向人们展示出一幅中国古代科技文明的宏伟画卷,从而为西方学术界打开一个过去知之甚少的知识领域,促进了东西方两大文化体系的相互了解,推动了中国科学技术史研究。李氏著作的另一特色在于他不仅仅着眼于史料的发掘和整理,而且把科学史同思想发展史、社会经济发展史有机地联系起来,把他所研究的对象提到认识论的高度和社会根源的深度来阐发。这种研究方法,值得我们赞赏和借鉴。"卢嘉锡院士对李约瑟及其成就的评价非常高,也非常到位。

李约瑟博士既是英国著名的科学家,又是科学史家、人文学者,是英国皇家学会会员、英国学术院院士、中国科学院首批外籍院士。相当于被评为中国科学院院士,同时被评为中国社会科学院院士,这在中国是绝无仅有的,这意味着李约瑟在自然科学和人文学科两大领域同时达到最高的水平。他长期致力于中国科技史研究,因崇拜中国文化尤其是道家老子(李聃),所以取中文名为李约瑟,字丹耀,号十宿道人,后又取号胜冗子。

我们先看一下李约瑟是如何评价中国在世界科学史上的地位的。他说在公元前200年至1400年,中国比欧洲的科学技术要进步得多,但从文艺复兴以后,欧洲的科学开始占领先地位。他认为中国的官僚封建主义能够更好地把科学应用于人生事物上,在这方面比中古世纪的西方封建主义要高明得多。他说我们不谈三大发明,这个已经脍炙人口,他说很多东西最早是在中国发明的。中国一向被说成是一个没有时间观念的农业社会,但是记时的机械钟最早是中国人发明的。非常重要的一点是,这些中古世纪的发明,有些是和中国文化的官僚性质密切联系的。

中国的官僚阶层有两种认识,一种认为是先进的政治体制,一种认为是落后的政治体制。回到我们当今,中国改革开放30多年取得巨大的成就,叫作"世界奇迹",如果用西方的经济学理论,不大好解释这样的经济奇迹,他们讲,如果谁能解释,就能拿诺贝尔经济学奖。其中我想到一个问题,就是官僚。我们提"官僚封建",一般是贬义的多一点,但是中国改革开放30多年,就是中国特殊的政治体制,就是官僚体制在起作用。中国公务人员的工作,常被叫作"白+黑""5+2",这种现象在国外是绝对不允许的。因此,在中国改革开放30多年的奇迹,与中国特殊的官僚体制是有关系的,一旦官僚体制停止运作,中国的经济一定会受到很大的损害。今天我们也遇到这样的问题。在特殊的背景下,我们目前一些运作,可以说我们很多的官员怠工、消极、不作为,影响到了我们目前的经济发展和社会发展,这是不可回避的问题。李约瑟讲,中国为什么会有这样的巨大成就？与这样严密的官僚体系是有关系的。

在20世纪80年代，李约瑟讲，他说中国人现在对科学的热情和兴趣是世界上其他国家所没有的，中国人也开始意识到祖先对科学技术做出了伟大的成就，他们迫切想知道这些成就对世界的影响，但是西方的历史学家们却不愿意揭示这种现象。他们说自瓦特以后，所有的蒸汽机以及内燃机中奇妙的连接杆和活塞杆的结构是至关重要的，但首先发明这些的不是文艺复兴时期的工程师，而是公元1300年的王祯，在他的冶炼水力鼓风炉中首先使用。

李约瑟说，如果亚洲的思想家们知道了这些事实，他们能不感到自豪吗？中国的现代科学是在近代由西方的传教士到中国传教以后带来的，我们才知道西方在近代以来已经有了先进的科学技术成就。但西方人必须认识到，在中国人看来，科学不是出于传教士的慷慨恩赐，并不是在中国自己的文化里毫无根基的。相反的，科学在中国文化中有光辉灿烂而深厚的根基。

他讲道，如果中国古代社会当真像有些人宣传的那样是一个绝对专制、毫无自由的社会，我们就无法解释几千年来怎么会产生那么多的创造和发明，也无法理解为什么在那样漫长的岁月里中国总是处于比欧洲领先的地位。他说，为什么会这样？也许是由于中国稳定吧！世界上其他各国都需要虚心地向中国学习，不向现代的中国学习，也要向历史上的中国学习，因为从中国人的智慧和经验中，我们可以获得许多医治现代病症的良药，以及推进今后全人类哲学发展的必不可少的要素。他对中国古代的科学与文明给予非常高的评价。

李约瑟在童年时期就爱上了科学，他出生于伦敦一个基督教知识分子家庭，系独子。父亲是军医，母亲是音乐教师和作曲家。父母的知识背景使李约瑟同时在理科与人文方面都受到教益。但父母关系不和，常争吵，使他自幼性格内向怕羞，但他是在充满知识的环境中成长的。他父亲是军医，很小的时候就教他写字，教他做木工活。通过观摩手术和为父亲的外科手术当助手，他对人体解剖了如指掌。他认识到自己在科学方面的才能和兴趣后，申请学习医学。1917年他进入剑桥大学,并一直待在那里。

李约瑟在剑桥大学注册的是建立于14世纪的冈维勒与凯斯学院,因为学院院长是研究眼睛肌肉的专家,属于医学门类。这不同于我们一般大学的学院,如山西大学的物理学院、化学学院。剑桥大学成立于1209年,大学本身为公立性质,但高度自治的31所学院,如冈维勒与凯斯学院,则属私立机构,工作有别于负责教研的大学中央以及150多所教学研究机构。剑桥大学负责考试与学位颁发,而招收学生的具体标准则由各个私立学院自行决定,并自行招生。这些学院首先是培养人格和成长的学院,实行导师制,负责学生的生活和本科生的业余辅导。

李约瑟在大学里积极参加各种活动,特别邀请各个学科的学者给医学生做讲座。李约瑟进入剑桥大学不久,通过学习了解,便产生了放弃成为外科医生的想法。在他看来,外科医生就是“锯骨头”,太机械,不需要太多的智力。为此,导师建议他改学化学,李约瑟也认为化学比解剖来得有意思。通过三年的刻苦学习,李约瑟获得了学士学位。大学期间,李约瑟失去了父亲。悲痛之余,他感到亟须一个父亲般的人物来指导自己的未来。经过选择,1921年李约瑟到了曾有一面之缘的生物化学大家霍普金斯的实验室工作,而在1929年霍普金斯获得诺贝尔生理学或医学奖。

1923年李约瑟开始与同在霍普金斯实验室工作的同事多萝茜约会,第二年就结婚了。后来李约瑟给多萝茜起中国名为“李大斐”,随夫姓。

1924年10月,李约瑟通过出色的工作,博士论文答辩十分优秀。凯斯学院将“院士”荣誉作为贺礼送给了李约瑟。凯斯学院“院士”荣誉不但使李约瑟在学院拥有一间寝室,即著名的K-1室,而且可以享受各种特权。24岁,李约瑟已经功成名就了。

1930年,剑桥大学出版了李约瑟的3卷本专著《化学胚胎学》,奠定了他在学术界的地位。1933年,他被破格聘为高级讲师(Reader),这是英国大学授予研究或学术成就名扬海内外资深学者的头衔,相当于准教授。1941年李约瑟当选为英国皇家学会会员。

1937年，三个中国年轻人考取庚款留英，来到剑桥大学，攻读生物化学博士学位。其中，沈诗章的导师是李约瑟，后到耶鲁大学任教。王应睐的导师是海里斯，但在距霍普金斯实验室不远的另一个实验室，鲁桂珍的导师是李大斐。来自中国南京的女子鲁桂珍成为李约瑟的亲密助手和晚年伴侣。《中国科学技术史》的出版，鲁桂珍功不可没，用鲁桂珍的话来说，李约瑟在东西方文明间架起了一座桥梁，而她自己是支撑的桥拱。也有人说，是鲁桂珍引出了一个"李约瑟"。

鲁桂珍毕业于金陵女子大学，后在上海一家医学研究所进修生物化学。1937年，她身为空军的未婚夫参加空战遇难，当时鲁桂珍年逾而立，遭此巨痛，遂断念于婚姻，来到剑桥留学，获得父亲的支持。鲁桂珍这位中国女科学家，身材娇小，聪慧活泼，个性鲜明，虽称不上美人，却也端庄慧秀，深得李约瑟夫妇的喜爱，经常邀她到家中，饮茶进餐聊天。

李约瑟几乎对鲁桂珍是一见钟情。根据李约瑟日记的记载，他们一起在剑桥的印度餐馆或最好的意大利餐馆用餐；手挽手地沿着封冻的河边散步；到法国埃弗伦度假。一起观看根据赛珍珠的小说改编的电影《大地》，《大地》叙述的是旧中国的农民王龙从一无所有而成为一个富户的故事。1938年，小说《大地》荣获诺贝尔文学奖。

李约瑟对中国语言和文化产生了像对鲁桂珍一样炽烈的痴迷。就这样，一个非专业的中国学研究者、一个没有受过任何科学史科班训练的非同寻常的历史学家诞生了。由于与鲁桂珍的关系和对中国的同情，李约瑟坚决反对日本对中国的入侵，给英国的报刊写文章，到伦敦参加游行，并出版小册子，支持中国人民的抗战。

1942年夏天，李约瑟专程前往纽约，看望三年前到美国工作的鲁桂珍。李约瑟告诉鲁桂珍一个突然产生的念头：中国科学，总的来说为什么没有得到发展？他设想有一天将这个想法发展成一本向西方解释中国对科学发展的贡献有多么巨大的著作。

当英国政府决定派人前往中国，了解战时中国教育和科学研究的情况时，李约瑟的学识、对中国人民的同情，加上他的才智、异乎寻常的语言能力，使他成为合适的人选。1943年，李约瑟带着英国驻中国大使馆参赞的头衔来到中国，并建立起中英科学合作馆，亲任馆长。李约瑟在中国停留了3年时间，出行11次，行程3万英里，积累了足够写一本书的资料，他喜爱战争时期的冒险生活，对中国文化历史有了更深的了解，结识了包括郭沫若、竺可桢等在内的一批中国朋友，获得了一大批重要的中国古代科技文献。

李约瑟先后去过国统区的296所大学和研究所。李约瑟协助重建大学，给他们送去最急需的数万吨实验仪器、参考书和科学期刊，成为战时中国科学界的主要信息来源。李约瑟曾把自己形容成"圣诞老人"，他一次次把试管、放大镜、小型发电机及科学实验需要的各种化学制剂分送给研究条件恶劣的中国科学家们。

1944年10月，李约瑟到达贵州遵义。浙江大学从杭州西迁辗转至遵义也近5年了。当时的遵义与西南联大所在地云南昆明，以及同济大学、"中央"研究院等单位所在地四川李庄齐名，都是不畏条件艰苦，坚持办学和研究，在抗战期间形成的中国学术中心。10月24日晚8点，李约瑟在遵义旁边的湄潭浙大分校向一些中国学者发表演讲，题目为《中西科学史之比较》。演讲完毕，众人还进行了讨论，整个活动进行了约3个小时。他把浙江大学比喻为"东方剑桥"。在这个过程中，李大斐以科学家的身份来到了李约瑟的身边，而且李约瑟还为鲁桂珍专门设立了营养专家这样一个虚职，让她也来中国工作。为此，李约瑟的同事、生物学家皮肯专门给英国政府写信，指责李约瑟滥用职权，告了他一状。

1946年3月，李约瑟收到了他剑桥的"左翼"朋友、生物学家朱列安·赫胥黎的电报，邀请他回英国担任新成立的联合国教科文组织自然科学处处长。李约瑟似乎仍然对皮肯告状耿耿于怀，便选择了离开。李约瑟仅仅在伦敦和巴黎的联合国教科文组织工作了两年。因为美国认为李约瑟亲共，并给他的工作制造障碍，不允许将联合国的经费发放到任何美国认为是"左翼"的科学组织。1948年，李约瑟辞去教科文组织职务，返回剑桥，回到他的K-1室，并马上着手他恢宏的出版计划。

1948年，李约瑟正式向剑桥大学出版社递交了《中国科学技术史》

的秘密写作、出版计划。数周后，李约瑟又修改了计划，他把计划扩大到7卷，希望在10年内完成。但是随着这个计划的进行，工作量越来越大，规模越来越大，实际上是很难在10年内完成的。

1954年8月14日，《中国科学技术史》第1卷出版，扉页上书：谨以本卷敬献南京药商鲁仕国。这个药商就是鲁桂珍的父亲鲁仕国。当时的英国《观察家报》《新科学家》、美国《纽约时报》《美国历史学评论》等报刊都发表名家评论，盛赞这部著作。《中国科学技术史》第1卷第一次印刷的5000本很快一售而空，出版社不得不加印出版。因为在西方，从来不知道中国的古代这么有成就。此后，李约瑟将余生献给了《中国科学技术史》的写作和出版。

《中国科学技术史》出齐后，预计有7卷30多册，但是从他写作到现在50多年了，先后出版了20多册，到今天还没有完全完成。7卷英文版的《中国科学技术史》被认为是20世纪完成的重大学术成果之一，是欧洲人学术研究的最高成就之一，他被誉为"20世纪伟大的学者""百科全书式的人物"。《中国科学技

作者于东亚科学史图书馆

作者于李约瑟研究所前

术史》的出版，也给李约瑟带来了巨大的荣誉，1967年，他被所在的冈维勒与凯斯学院的院士们推选为院长，1968年到1977年，他在科学史领域里面获得了所有的最高荣誉：1968年在巴黎第12届国际科学史和科学哲学联合会上，李约瑟被授予乔治·萨顿奖章；1974年—1977年当选为国际科学史与科学哲学联合会的科学史分会主席。

1992年，英国女王授予他国家最高荣誉——荣誉同伴者。我们知道，英国比较出名的社会贤达，女王会授予他爵士学位，但是英国女王授予他更高的荣誉同伴者勋衔。

李约瑟1976年从剑桥大学凯斯学院院长位置上退休后，以他个人藏书为基础，建立了东亚科学史图书馆。在得到了很多包括鲁桂珍在内的友好人士、组织的支持与帮助下，1987年东亚科学史图书馆发展成为李约瑟研究所，东亚科学史图书馆成为李约瑟研究所的有机组成部分。李约瑟研究所的外观是中国式建筑的风格。

李约瑟的夫人李大斐1982年得了老年痴呆症，1987年去世，期间得到李约瑟的尽心照料。两年后的1989年，李约瑟再婚，迎娶鲁桂珍。两年后的1991年，鲁桂珍去世。四年后的1995年，李约瑟在剑桥寓所辞世，享年95岁。他们三人的骨灰安葬在李约瑟研究所门前的菩提树下，李约瑟居中，左右分别与李大斐和鲁桂珍的坟墓相邻。

李约瑟研究中国科学技术史为什么会成功，能把中国4000年的科学技术发展史作为一个整体展示给世界，这个可以概括为六个方面：

一、兼收并蓄古文献与考古资料

我们知道中国的很多传统技艺遗失了，为什么中国这些年特别重视考古，因为通过考古可以发现很多新的传统工艺与历史再现，特别是在中国的文献资料里边没有记载的东西。事实上证明，在补充中国灿烂的古代文明成就方面，很多都是通过考古工作得到的，包括科学技术成就。

二、实地考察生产和生活传统

因为中国是一个实用主义很强的国家,到今天还是。中国的古代科学技术成就也是在生产技术和生活方式里面大量存在的,因此去考察传统生产和生活的东西,会有不少传统工艺和科技成果的发现。今天我们知道,随着城市化进程的发展,很多农村的传统生产生活方式丢失了,同时也丢失很多传统的技艺,所以中国政府现在越来越重视抢救所谓的非物质文化遗产和传统工艺,花了很多钱,但有的已经一去不复返了,彻底失去了。

作者于李约瑟墓前

三、模拟实验与技术复原

有记载的东西,记载得对不对,这是个问题。我们知道历史是人写的,在人写历史过程中有没有偏差有没有记错,甚至有没有杜撰都是问题。对于科学家来讲就要通过验证,科学一个重要的观点就是可重复性。所以在文献中的这些技艺能不能实现,是不是真的,要通过做模拟实验和技术复原来验证。

四、中西比较科技成就

我们知道文明古国不止我们中国,文明历史更长的是古巴比伦和古埃及,这个今天我们认可,但是取得巨大的成就并延续到今天的,只有我们中国。可以比较同一个时期各文明古国的成就,还可以比较西方后来的科技发展,通过比较以后,才能讲你的学术价值和地位。这个时候比较一下,中国传统的科学技术成就和现代的科学技术有没有关系,才能得出结论。中国讲"不怕不识货,就怕货比货",通过比较得出结论。

五、内史与外史相结合

对中国古代科技史的研究,不仅研究科学技术知识和成就本身,还要研究科学技术和社会的互动,他们之间是怎样相互影响的。在近代以来,科学技术的中心到了欧洲,现在我们的学生在学校里面学的科学技术和中国的传统科学技术没有关系,学的都是近代以来西方人发现、发明的科学技术知识。我就讲讲科学技术怎么发展,它怎么发现,怎么发明,它一定和社会、制度、文化、经济相关联。我们知道,在宋代我们中国是科技的巅峰时期,但是宋代又是一个政治非常软弱的时期,为什么会这样?科学技术很发达,但是政权又很软弱,这是个什么关系?这是外史研究。

六、国际大合作

研究中国古代科技史,历史跨度这么长,领域跨度这么大,不开展国际学术界的大合作,李约瑟一人是难以完成这个任务的。令人欣慰的是,李约瑟生前就开始的国际大合作研究方式,保证了《中国科学技术史》写作计划的延续和完成。

以上这些《中国科学技术史》写作和研究方式方法的实施,不是一日之功,是久久之功才能做到的。为什么李约瑟取了胜冗子这个号?中国讲"冗长""冗繁",是很麻烦很难处理的意思。《中国科学技术史》的写作和研究是一项巨大冗繁复杂的工程,面对这样的事情,李约瑟说我有信心战胜"冗繁",取得胜利。"子"是什么?孔子、孟子、老子,所以他加个子,取名"胜冗子",含义能够战胜繁复浩瀚的资料等困难,达到写作《中国科学技术史》的目的。

我们看一下李约瑟的文化角色,从李约瑟的性格特征去讲,他架起东西方科学文化之桥,一生中充当架桥者的角色,为什么这么讲?父母不和,经常吵架,他常常是父母之间的沟通者,在中学和大学期间他是一个虔诚的基督教徒,但是他又学科学。中国人常常不能理解一个伟大的科学家又同时是一个宗教徒,科学讲理性,宗教讲信仰,怎么把科学理性和宗教信仰融于一身,这也是不容易的,所以中国的科学家很少有宗教信仰,大多都是唯物主义者,不信神,不信鬼,但是西方科学家里面信仰宗教者比比皆是,这个时候,一个信仰和一个科学的追求结合起来,李约瑟应该说在中学到大学就已经开始做这个工作了。在文艺复兴之前,科学和宗教处于对立的关系,宗教要求科学为宗教服务。文艺复兴之后,科学从神学里面解放出来,独立出来。我们知道,伽利略就被教会关起来了,因为他讲的一个科学观点和传统的宗教观点有冲突。教会信奉的是"地球中心说",整个世界围绕地球旋转,伽利略从哥白尼那儿受到影响。哥白尼本来也是个牧师,但是通过他的观察,他认为是地球绕着太阳转,这就是日心说,但哥白尼不敢讲这个观点,他去世之后《天体运行论》才出版。伽利略维护这个观点,被终身监禁。直到1979年,梵蒂冈罗马教皇才宣布当年对伽利略的监禁是错误的。如果科学和宗教一定要对立起来,很难去相处,但是李约瑟在这方面做得不错。在做生物化学家的时候,他本来学化学,后来搞生物化学研究,鲁桂珍去英国之前实际上已经知道了李约瑟是一位著名生物化学家。当然从事中国科学技术史研究,更是中西架桥者角色的延伸。由于认识了鲁桂珍,李约瑟就开始架起东西方文化的桥梁。

从一定意义上讲,李约瑟之所以在中国科学技术史研究上能取得巨大成就,从他的成长、性格和学识上,就给予他这样一个历史的担当,让他善于在不同的领域不同的文化里面架起桥梁。他从小是一个严格的西方文化的接受者,又是一个虔诚的基督徒,但是后来他又接受中国文化,信奉道教,表面上这是矛盾的,但是他很善于把矛盾的东西在自己身上得到融合。

我常常讲,无论学校、社会还是家长,不要误导孩子,要正确认识孩子,他们天生的角色和长处你是改变不了的。但是我们的社会,我们的学校,我们的家长坚信,别的孩子能学小提琴,为什么我的孩子不能学?老把孩子的成就和用功结合起来,实际上天生能做什么我觉得占70%,后天做什么占30%。我们总是讲"三分先天,七分努力",但如果孩子不是那个天才,就不要做那个事情。

尽管李约瑟是一个虔诚的基督教徒,但他从一个接受了严格西方科学文化熏陶的科学家,转变为一个虔诚的中国科学技术史家,他的婚姻也充分体现了西方文化与中国文化的结合,一生娶了两个妻子,一个西方人,一个东方人,与两任妻子都白头偕老。我专门去剑桥大学图书馆查了鲁桂珍的博士论文,是铅字打印的,确实是跟着李约瑟的夫人李大斐做的博士论文。

李约瑟一生风流倜傥,他与两任妻子能够和平相处一辈子,我想是两种文化在起作用,单纯一种文化是很难维持这种特殊的伦理关系的。应该说李约瑟一生的巨大成就,浸透了两位妻子的心血。他完成的英文作品,首先都是由李大斐阅读并给予润色,而很多中文资料的收集和翻译都是鲁桂珍帮助完成的,她还直接参与《中国科学技术史》的写作工作。应该说,无论离开李大斐还是离开鲁桂珍,李约瑟都达不到完美的境界。

我们进一步思考一些问题。西方的科学文化发达,中国的传统文化是人文文化,比如说儒释道,在中国古代,实际上是有科学文化的,但有个问题,有人说中国古代有技术没科学。中国发达的科学技术是农业、天文、医学,这些都是朝廷需要,国家需要,所以文人去研究,中国的文人是实用主义盛行,国家需要什么,社会需要什么,我就去研究什么。如果仅仅是非常纯粹的理论,我们的学者就不愿意去做和不去做研究,我们强调要"学以致用"。比如讲到数学,我们发明了勾股定理,但是欧几里德就发明了非常抽象的演绎体系,我们中国是缺乏演绎体系的。

有一件事情使中国人特别感谢李约瑟。朝鲜战争爆发以后,中国和一些外国学者认为美国在朝鲜投放了细菌老鼠,发生了细菌战,美国人不承认。世界的"左翼"科学家就组成一个考察团到朝鲜实地考察并完成了调查报告,向联合国报告,其中李约瑟就参加了这个考察团。报告得出的结论是:美国在朝鲜发动了细菌战。这是以"左翼"科学家组成的考察团,到今天,这还是一个没有结论的仗,因为"左翼"科学家还是少数,他们相信共产主义,同情社会主义。但是中国人当时因为这个,很感谢李约瑟。

中国现在研究古代的科技史,几乎总也离不开李约瑟,世界研究中国科技史,也离不开李约瑟。中国人从20世纪80年代开始启动自己写作《中国科学技术史》的计划,预计写30卷,出了27卷,基本完成,比李约瑟写得晚,但是比李约瑟完成得早。我们的古文献都是文言文写成的,李约瑟需要翻译成英文,这是很难的。我们的学者在翻译李约瑟著作的时候也提出一些批评意见。毕竟是外国人研究中国的古文献,有引错的、翻译的不到位的问题,我觉得这些问题在所难免。其中西方学者的一种观点认为,李约瑟是不是不适当地提高了古代中国科学技术的影响?但不管怎么样,都无损于把李约瑟作为20世纪的伟大学者,放到整个世界的学术平台和文化平台上来展现。

时间关系,我就讲到这里,谢谢大家!

言诚意，字见心——中国书法艺术鉴赏

方 放

九三学社社员，中国书法家协会会员，北京书法家协会理事，北京书法家协会妇女工作委员会委员，中国楹联学会艺术委员会委员，海峡两岸书画联谊会理事，中央书画艺术研究院研究员，人民日报社神州书画院特约书画家，中国人民大学艺术学院许俊国画工作室访问学者。自幼承家传，酷爱书画。1990年毕业于中央工艺美术学院陶瓷设计系（现清华大学美术学院）。书法作品曾获首都大学生书法现场大赛个人优胜奖，日本高野山书道协会奖，中日女流书法大赛佳作奖。获2011年首届石景宜博士杯华夏书画大奖赛优异奖。作品曾入选第十届全国书法篆刻大展，全国第二届册页书法作品展，"瘗鹤铭奖"全国书法作品大展，首届、第三届全国妇女书法篆刻作品展，第一、二、三届北京国际书法双年展中国著名女书法家作品邀请展，新加坡中国当代百家妇女书法邀请展，日中女书法家代表作品展，全国著名女书画家作品联展，"情趣、韵味、意境"中国书画名家作品邀请展。作品及论文发表于《中国书法》《中国书法学报》《中国文化报》《北京文艺》《北京书法》等刊物，出版《黄自元楷书字谱》。另有作品被新加坡书法中心等单位收藏。

中国的书法我们知道有以下几种字体：正、草、隶、篆，按发展时序来说，篆、隶、楷、草。山西的简称是"晋"，历史上有个晋朝，是个很特别的朝代，出现了很多著名的人物，比如说竹林七贤，我们经常会读到他们一些特别有趣的故事，反映了那个时代的文化，所谓以老庄哲学为主的魏晋风骨。比如说陶渊明，我们经常会读到他的田园诗，比如说书圣王羲之，那个时代是一个人文觉醒的时代，所以伴随着这些人，出现了他们那个时代的笔墨风格。

很高兴来到山西，首先能够感受到这么热烈的场面，很温暖，像回家一样，谢谢大家能够利用休息日的时间一起探讨中国书法，一起来研究中国书法艺术，我特别感动！

中国书法对于我们来说，其实是个既陌生又熟悉的话题，我们每个人每天都在接触书法艺术，我们今天来到山西省图书馆，一进门看到"山西省图书馆"这几个字，就已经看到了书法艺术，写得非常精彩。我们每天上下班都能看到大街小巷店面门脸上的字，现在可能电脑制作的印刷体比较多，在我们小时候看到的很多牌匾都是书法写就的，所以我们每天都能接触到。但是它离我们又很远，为什么呢？我们每天都能看到，但是让每个人说这个字怎么样，那个字怎么样，包括我们经常议论的，什么叫江湖书法，什么叫老干部书法，什么样子呢？究竟什么样的是好的作品，什么样的是不好的、粗俗的书法作品？大家鉴别起来可能比较模糊，比较有难度，甚至我们会认为很多写得很漂亮、很不错的东西，但实际上在专家这儿，觉得它还没有入门。所以今天第一个问题，我们先来看看如何正确地欣赏书法作品；第二个，我们来探讨一下如何正确地学习书法。在生活中，书法爱好者比较多，我们除了自己学习也希望孩子从小能够学习书法，能够用书法来滋养他们的心灵，但这是一个比较漫长的过程。我的学生常会问我，老师，我都学了三年了，怎么感觉还没入门呢？这就是说你可能还没有掌握正确的书写方法，没有日复一日地坚持，没有甘坐冷板凳的耐心和恒心。

学习书法，第一个要学习书法真正的内涵。首先我们很多人都认为要写一手漂亮的中国字，从学习书法来说，我们也能够得到一些好处，比如说，学习书法，你就需要在枯燥当中寻找乐趣，陶冶自己的情操，这是我们很多中国古代文人所坚守的理想。从孩子的教育来说，如何引发他的兴趣，如何在枯燥的学习当中找到乐趣，如何在中国书法的学习当中，培养自己豁达的心态，优雅的品质，宽广的胸怀，这都是非常重要的。而当今的中国人，已经在物质层面不能满足心灵的时候，书法给我们提供了特别好的媒介。

我们经常说"笔墨当随时代"，每个时代都会产生很多的书法作品及著名书法家。那么这些著名的书法家，这些著名的作品都有很多背景，包括它的文化背景、历史背景等等，都能够凸显时代的风格特点，我们今天的书法作品，也代表了我们今天的审美风格。把今人的作品，和古代的书法作品做一个对比，我们能看到今天的审美趣味，也能看到古代的经典如何被今天来运用，这是我们学习书法最重要的内容，包括对文化的学习和传承，不是说我们只是写个字而已。

中国的书法我们知道有以下几种字体：正、草、隶、篆，按发展时序来说，篆、隶、楷、草。山西的简称是"晋"，历史上有个晋朝，是个很特别的朝代，出现了很多著名的人物，比如说竹林七贤，我们经常会读到他们一些特别有趣的故事，反映了那个时代的文化，所谓以老庄哲学为主的魏晋风骨。比如说陶渊明，我们经常会读到他的田园诗，比如说书圣王羲之，那个时代是一个人文觉醒的时代，所以伴随着这些人，出现了他们那个时代的笔墨风格。

我们梳理一下这些字体的演变和发展，从这里我们能看到中国人的智慧，我们现在看汉字，各式各样的表情达意的汉字，这些汉字作为元素组成诗文，传达作者的思想，传达时代的声音。

首先，我们讲篆书，篆书是大篆、小篆的统称。大篆指金文、籀文，当时六国文字，它们保存着古代象形文字的特点。小篆也称"秦篆"，是秦代的通用文字。

追溯汉字最早的形式，是甲骨文，就是刻在牛胛骨或者龟甲骨上的文字，刻在上面的，不是写在上面的。做什么用的呢？它是我们中国最早的、比较成熟的文字。大概在清代的时候，有一个鉴赏家叫王懿荣，他得了疟疾去中药店抓药，在药的成分里面有一味叫龙骨，他在煮药的时候发现龙骨上面有一些奇怪的刻画符号，于是派他的家人把中药店的龙骨都买回来，开始研究，这就是甲骨文。

牛胛骨在古代是用来占卜的，是贵族用的，比如说妇好墓里面就发现甲骨，卜辞里面就问，妇好生孩子的时候是吉还是凶呢？占卜师像今天的预言家、哲学家，他们把龟的腹甲凿几个坑，放在火上烤，凭借裂纹和声音来判断这件事的吉和凶，如果说结果是凶，那肯定不好，结果是生了一个女孩，在农耕时代是重男轻女的，所以他觉得生女孩是凶，然后就把这个结果记录下来，今天我们就能看到这个卜辞的样子。用完以后怎么办呢？全部把它掩埋起来，掩埋最多的地方就是在今天河南南阳的殷墟，所以我们也叫它"殷墟文字"。所以文字诞生之初就有书法的痕迹，我们经常说"书画同源"，早期的象形文字可以说就是简笔画，很多人都研究这个根源，说是从彩陶文字开始的，我们看到陶罐上面有图像，严格地说成熟的文字应该是从甲骨文开始的。金文是铸或者刻在青铜器上的，材料的变化形成了不同的风格。

清代邓石如写的小篆是很规范化的，长方形，婀娜多姿，长长的捺脚像飘带一样。中国的古人不仅要用文字来表情达意，还要让它有美感，所以产生了书写的美，而日本的文字在学习中国汉字的基础上形成了他们自己的文字，中国文字一步一步演进有一个完整的脉络。我们经常说西方的艺术史是以什么为脉络？以建筑的发展，中国的艺术史最完整的脉络就是汉字的演进及书写艺术。

小篆里面特别具有美感的东西，就是它的装饰性，是非常含蓄的，飘逸的线条，用"婉而通"的线条来表现出篆书的美感。隶书、篆书、行书这些字体书写的时候，感觉和要求都是不一样的，但用笔是"千古不易"的。篆书有篆书的形式，隶书有隶书的变化，行书有行书的法则，用笔当中都有一些特点，篆书含蓄，藏头藏尾，完全用中锋来书写，保持长方形的体式,既飘逸又沉着,要在用笔中看到它的力道和沉稳。

隶书是把篆书的圆转变成方折,把竖长的体式变成横扁的体式,密集的体式变得疏朗一点。中国人讲究含蓄,古人怎么穿衣服?男士都穿着裤子还要穿袍子,把腿遮住,现在的男士不穿长袍了,走路的时候腿的抬落都能看到。古人为什么要穿上袍子?含蓄,矜持,很内敛。中国女人走路要不动裙裾,笑不露齿,所有的东西都要含蓄,如果字写得特别张狂,放得开,那是我们今天说的"艺术表现形式",我们今天创造一种新的艺术气息,我们可以这么写,但是古人绝对不会以那种状态为上,古人一定要含蓄,一定要收得住、藏得住,我们经常说要藏锋、收锋,一起笔,一收笔,所有的锋芒都要藏起来,讲究笔画的"忍",所以我们经常说"写字好累",尤其刚开始写字的人,你就不能抒情达意,肆意表达,要有控制。有的人就问,怎么就能写出来内敛的劲和含蓄的劲?就靠你长期的练习,靠你的手感,靠你驾驭笔的能力,就像王羲之在木匾上的书写"入木三分",所以书法的学习也可以看成是一种身心的修行,在书写的过程中把文化品格和修养的塑造渗入其中。

不管是虚空间还是实空间,虚的笔画还是实的笔画,中间都不能缺"力",就是贯通的力量,这个"力"含在中间,才是好的字。力量是一以贯之的,贯穿整体的,所以我们评判书法线条优劣,这是很重要的一点。

当然,力量的表现是不一样的。我们临碑,碑都是石刻的形式。山西这个地方有得天独厚的欣赏墓志的条件,墓志大都是刻在石头上的,表现出来的都是刀刻的特点,所以还要还原书写性,写字就像刻字一样,拿笔当刀,那个力量是苍劲的。你要找到那种感觉,这里面找到的感觉,就是苍劲的感觉。我们说苏东坡的字写得好,怎么好?有的人写苏东坡的字就写不像,有的人写王羲之就写不像,王羲之的字要清雅,苏东坡的字要浓郁,笔沉得下去,黄庭坚说他是"石压蛤蟆",所以苏东坡的诗文都是掷地有声的,他具有那种力量,你要找到那种味道和感觉,不同的字体它展现的味道是不一样的。

如果你把隶书写得很秀雅,那是另外一种,就像苏东坡写字一样,像在四川吃辣味,辣里面还有很多层次,干辣的、麻辣的,字也是这样,古人为了美化字体，前面加一个蚕头，下面加一个燕尾，就像传统的建筑，它四四方方，很严肃，靠什么来给它注入活力，就这一点飞檐，隶书里面就靠蚕头燕尾来求飞动的姿态。

今天的人是这样来演绎隶书的，隶书首先有装饰性，但它的装饰性特点和篆书是不一样的，加入了今天我们审美的味道。所以今天的书法家提倡写字写出"味道"和"到位"，同一个字不同的风格味道都不一样，你是你的风格，他是他的风格，每个人的成长经历、教育经历、家庭背景都不同，地域也不一样，北京离山西很近，但是生活习惯、气候条件、传统文化都有不一样的地方，背景不一样，产生出的人文情怀也是不同的，所以一方水土养一方人，艺术作品也会出现不同的风格，可谓"百花齐放"；但要有基础，我们经常说味道建立在"到位"的基础上，就是说你的基本功要到位，才能谈味道，就是自己的风格特点。如何练好基本功，如何找到到位的方法？经典碑帖就是你最好的老师。

在欣赏王羲之写的《兰亭序》时，西方人说一万个人心中有一万个哈姆雷特，我们说我们中国人一万个人心中有一万个王羲之，谁能真正找到它的美感呢？谁能找到它打动你的地方呢？很多人是人云亦云，大家都喜欢随波逐流的感觉，但是我们可以看到，王羲之的作品之所以能够成为中国传统审美的标杆式人物，他的美感在什么地方？首先是意趣，浪漫中蕴含高古，在魏晋南北朝盛行"玄学"，出现了竹林七贤，大家都知道竹林七贤是抛弃了自己贵族的身份背景，躲避到山野竹林里面形成一个七个人的小团队，远离世俗社会过一种自给自足优游率性的生活，

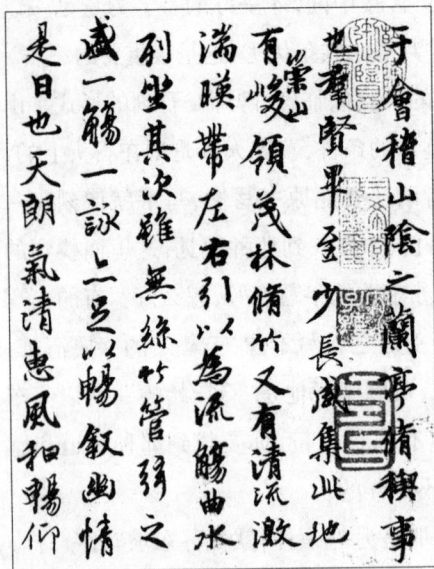

王羲之的《兰亭序》

他们自己种菜,自己吟诗作乐。在这种思潮的影响下,才会出现王羲之这样一种"放浪形骸"、超越世俗的情怀,出现这样一批人,他们引领着这个时代,形成了这个时代的审美意趣,所以我们读到了陶渊明的田园诗,感受到诗人的恬淡超逸、一种隐居的生活状态。所以为什么中国的古人这么喜欢山水画?山水画里面基本没有人烟,为什么没有人呢?那种地方是他心灵的家园。同样的道理,王羲之写的字也是在他心灵的家园里面找到的一块乐土,渐入一种至乐无乐之境。至乐无乐的感觉,就是你穿这双鞋子特别合脚的时候,你都感觉不到这双鞋子的存在,腰上皮带扎到特别合适的时候,你都不知道这条皮带的存在一样,所以我们说竹林七贤过着这么清贫的生活,他怎么会有这样的乐趣?怎么会有幸福感?这是人生的理想,追求心灵的自由,而不是物质的富足,这是中国古人追求的。王羲之这个人物和他的书风,就像一面旗帜一直影响到明清,影响到今天,为什么大家在近20年间如此喜欢二王的书风?因为现在的人们满足了物质生活的渴求后,更需要心灵滋养的时候,大家不约而同地找到了二王书风这个文化的出口,找到了精神上的追求方向,而不是物欲上的满足。宗白华说我们第一层是物质上的满足,第二层是学术上的满足,最高层次是人对本真的追求,王羲之也是在这条路上,企图找到最高的心灵境界,他用他的《兰亭序》,用他的书法灵性表达了他对艺术理想的追求,达到了文书共美的境界,产生这么一篇流芳百世的《兰亭序》,为我们今天顶礼膜拜。

　　《兰亭序》到底好在什么地方?虽然我们对王羲之的字太熟悉了,对《兰亭序》也特别熟,也有一些文化场所把《兰亭序》刻在墙上,做成壁画的效果,但是如何找到《兰亭序》的真谛?古人评王羲之是"飘若游云,矫若惊龙",一个是表现"飘",一个是表现"矫";一方面是灵动飘逸,一方面是"狡兔暴骇,将奔未驰",体会他笔画中的力量,其实是这个人整体的精神气质,所以学《兰亭序》,学它的外形很重要,学力量更重要,但是最重要的,其实就是要我们最大限度地来接近古人的精神气质,来追求他精神上的契合点。所以我们不用说每个人都当书法家,我们现在普及书法,中小学课堂都安排书法课,其实是让我们在了解书法、学习书法的同时，我们要达到古人的精神境界，并不是仅仅写一手漂亮的字。所以我们来学习任何一件书法作品，都是要抓住它的气质。

今天我们看到的大篆、小篆等等，作品后面并没有写谁的名字，没有具体的人物。而从魏晋开始，一个个鲜活的人物开始出现了，所以我们说中国文化是由无数中华民族的精英团队构建起来的，它以文字形式、绘画形式、音乐形式、诗歌形式等等串联起来。王羲之不善于吟唱，而善于书写，作为擅长吟唱的人来说，他不善于书写，就用吟唱的方式，这个人善于画画，那就用绘画的形式。所以每个人的天赋不同，展现的生命的形式就不同，我们的教育为什么会出现问题？因为没有因人而异地塑造人，弄得大家都没有个性。古人为什么能产生这么多的精英，形成一个精英团体？就是因为他们的个性得到了很好的激发，跟他们的教育是有一定关系的。所以我们在孩子的教育上，当老师的，就应该给孩子更多的宽容，让他们有更多个性释放的地方，当家长的不是纵容，是要宽容，要包容，包容孩子的很多个性特点，这样孩子在以后的路上，才能找到自己合适发展的人生道路。

学习王羲之的书法最开始的时候，千万不要从《兰亭序》开始学，要从《圣教序》开始学。过去禅宗有个故事，有个老和尚回来了，要检查弟子们的作业，问你们读了多少书？一个小弟子说今天读了三本，另外一个小和尚说今天读了八本，老和尚都不满意，老和尚说，我只要求你们一人学一个字就可以了。把这个故事用到书法里面，一天写好一个字就可以了，不要通篇临，有的人说"老师，我在临气息"，我们说"神形兼备"，形是神的表现，没有形，何来神？所以找味道是重要的，再深入一点儿，要找出它的形状来才能表现神，所以要一个字一个字地临，一个笔画一个笔画地落实。我刚才说力量，力量也是一个笔画一个笔画的力量都要落实，开始写得笨一点，不要着急，这个力量就是笔和纸的摩擦力和亲和力，所以孩子们从小就要培养学书法，学画画，要做到你拿着毛笔感觉不到那是一支笔，让笔成为你的一部分。小时候写字还没有形成习气，等你长大了，毛笔已经融在你的身体里了，融在你的衣食住行里了。所以我们从小为什么要孩子读书、看书，要跟文字亲近？这些东西就会和你的身体合二为一,和你的精神合二为一,你以后散发出来的就是自然的书卷气。我们需要跟书来亲近,需要跟书法、绘画、音乐、舞蹈、诗歌等等亲近;我们从小可能学的西方化的东西比较多,物理、化学、数学,我们学的中国老祖宗的东西真的不多,所以可以利用放假的时候,多亲近中国的古典文化,很多传统的东西,告诉我们做人的方法,老老实实写一个字,老老实实从一个笔画开始写。我们从一个字开始,第二天写两个字,第三天写三个字,在这个过程当中,千万不要忘记你的感觉和味道,别光顾写字,要有文化的体验、身心的体验、艺术的体验。写字要传达出来什么信息?要有结构的美,要有缠绕的美,要有错让的美,这种错让是活泼的美;还有秩序的美,秩序美也是非常重要的,既有整齐划一的美感,又有活泼的美,既整齐又灵动,艺术里面需要找这种美的形式,所以说书法里面既不是纯感性的,也不是纯理性的,它是理性和感性的结合。就像我们说的,稳重当中要见活泼的气息,在活跃的气息里面,我们要见到你笔画的力度,结构的协调。我们说阴阳协调,要相生又要相冲,就是对比,有一个正就要有一个反,是动态的和谐关系,所以我们说,在书法里面要善于制造矛盾,继而解决矛盾,形成节奏韵律的美感。

我们来看王羲之的书法,"会于会稽山阴之兰亭",我们汉字是方块字,字形是笔画构架出的,本身就有疏密关系,它首先是结构的美感,一写出来它自然就形成了"密—疏—密—疏—密"的结构,这是王羲之喝得有点儿微醉的时候写的,等他醒来之后又写了很多篇,就写不出来这个味道了。为什么书法家、艺术家大多喜欢喝点儿酒?酒可以让人忘记很多条条框框,借着酒劲性情可以充分表达。当然,前提是具有一定技术驾驭的能力。

颜真卿写的一篇悼文草稿《祭侄文稿》,喜爱书法的朋友们肯定是耳熟能详的,所有学行书的人都要学这篇。《兰亭序》表现的是清雅秀逸的风格,《祭侄文稿》是在悲愤的心情下写的,加之颜真卿是一个文武皆能的人,他和王羲之的生存状态是不一样的,是肩负国家兴亡的将帅,与文人才子不同,用笔老到沉稳苍劲,所以在他的笔锋里面,你一定要

颜真卿的《祭侄文稿》

找到什么感觉？磅礴的气势，要统率全军的气势，非常厚实，大量地运用侧锋、枯笔，涂涂改改，正好形成了线面点的对比，增加了画面审美元素的丰富性，这是我们后人学习书法特别好的楷模。这件作品之所以写得好，之所以流芳百世，是其精神格调把握得特别好，我们临摹时，要体会他的生命状态。很多文学家喜欢在晚上写作，艺术家也都喜欢晚上做功课，大家都说这样对身体不好，为了健康养生要睡子午觉，但练字的人还是都喜欢在晚上10点以后习帖，就是因为那个时候外界环境特别安静，白天的烦乱都消停了，身心安静，正是学习古帖，与古人沟通的好时候，写字的时候非常需要专注，要身心安静。写字本身不是表演，是一个书斋里的行为，就是一个独立人格的展示，所以要独自品味其中的乐趣。

再来说米芾的作品，苏、黄、米三个人在宋代书法史上是有中流砥柱作用的，其中米芾和苏东坡是最具有艺术家风范的。苏东坡才华横溢，气魄豪迈，所以他的文字传达的就是这种气质，很豪迈的，他是豪放型诗人。米芾呢？对世俗的很多东西是不太理会的，他酷爱收藏，也精于鉴赏，所以只要有好东西，他都喜欢。宋徽宗招他写字，他看到皇帝的御砚觉得太好了，写完字以后就吐了口唾沫在砚台里，对皇上说，这个砚台被我污染过了，您是不能用了，还是我拿走吧。宋徽宗说那你拿走吧。他像小孩一样特别高兴，连墨汁都没有倒尽就揣进怀里，所以米芾这个人是有点儿怪僻，所以他的字很特别，他没有很多世俗观念的束缚，性格特别可爱。

至于说到苏东坡的黄州寒食帖，学写苏东坡的字一定要扁，黄庭坚说苏东坡的字是"石压蛤蟆"，蛤蟆的形状本来就扁，还要压一块石头，这是说他的字有厚重的力度。苏东坡是个非常有趣的人，他的典故特别多，这些典故不管是以讹传讹还是真实的，它能够侧面反映这个人的审美趣味，可以对我们学习书画有很大的启发和引导。我们通过书家这些典故，帮助我们全方位认识这个人，进而把握他的精神特质。苏东坡的字形特别扁，意蕴特别浓烈，在苏东坡的家乡四川眉州一带，有很独特的乡情，菜肴的风味很浓郁，物产很丰富，所以你能联想到他喜欢美食，能够发明"东坡肉、东坡鸡"，苏东坡这个人很有意思的。

我们说古代的经典无论从形式上也好，从笔墨上也好，从文辞上也好，都是我们学习的范本，每个地方我们都能深入挖掘它的美感。用笔的力量是隐藏在行笔过程中的，不一定显现在外形上。现在电视上有各种各样的娱乐节目，有一个娱乐节目，是明星们参与的娱乐节目，邀请了一个游泳冠军和他们进行游泳比赛，运动员前进的力量深藏于水中，水表面并不起大的水花，人在游泳的过程当中有很大的推动力，每一个推动力都是一个小的节点，外形非常不明显，力量包含在其中，就像我们吃鱼，那种很嫩的鱼，骨头一定很多；肉质紧密的鱼，可能骨头就很少。所以由此联想到写字是什么感觉？就像鱼肉和鱼骨头之间的关系一样，要写到密度很大的时候，不需要那些刺来做支撑，就中间一根骨头，这是写字的力道。

写行书的时候，是有速度地运笔，速度的作用瞬间成型的这种力量要特别充沛，所以行书中疾与涩的把控是比较难的，楷书中也存在这种力量，只是速度相对缓慢。

曾有一个获奖作者现场写的获奖感言非常具有书卷气，我们说"字如其人"，我们写文章需要成百上千个字来表达，我们写书法不用，"一字见其心"，一个字就可以看到你的功夫和品位高下。

有一位近年来写得非常好的书法家，获了很多大奖。他写字不是画过去的，每一笔都是推出去的，所以他的书法黏着的劲非常好。临古帖抓住要害，激发了他的灵感，出现了这样一种风格。有的人说某件作品中这个字写得不美，我们不能以外形来下定义了，应该超越它的外形，捕捉它的精神面貌。

我们说"行草不分家"，写字时用笔的力量，枯笔出现的飘逸感觉，瞬间过去的，但是它会留下痕迹，雁过留声，轻盈缥缈，长长一撇，从头到尾一个力量，表达得非常清晰，一点儿都不含糊。笔触到纸的力量，是整个身体的力量，所以线条的力量是含蓄的，写过十年字的人，和写过两年字的人，一眼就可以看出来。每年参加国展都是对作者很大的考验，现在的展览不是说我拿张大白纸一写就完了，展示的时候是你综合素质的展示，包括你的审美素养，你选择的纸张，选择的毛笔，选择的印章盖在什么地方，章法怎么处理，大字还是小字，作品需要把握到什么样的气息，可以说，每一次的全国展都是一次饕餮大餐，都值得去细细品味。

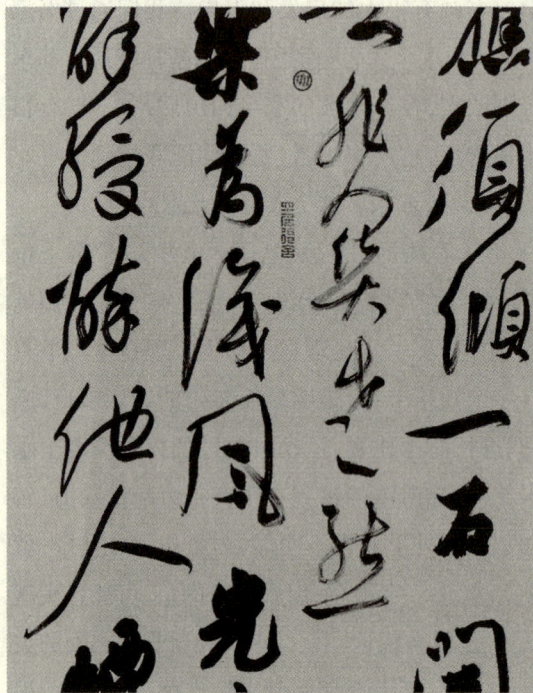

如果想判断一件作品是不是江湖，就是所谓的野路子，最简单的鉴别方法，就是从作品里面能不能够看到他的根基，比如说这个人是学颜的，那个人是学欧的，你必须找到他的原点，就像我们听的交响乐里面，它有这种那种乐器声音的组合，专业的人都能够分辨出来。看字的人就知道这个人学过什么样的帖，很多人临王羲之的帖临得不好，临颜真卿的帖临得好，因为气质吻合。所以初学写字的朋友，不是上来我就喜欢颜真卿，我就专学颜真卿。很多朋友问我，学一个帖需要多久？我说要看你学到什么地步。认准一个帖以后，你要学到基本上像，把这个帖放一边了，我自己写的时候，能够写得跟它差不多，甚至能够完美地表现出来，临的时候能够临到90%像，创作的时候就只剩50%，因为你会丢失很多，长期不临帖的人习气会很重，所以帖是你最好的老师，你要不停地临帖来修正自己的习气，这是最好的方法，所以写字的人大量的时间是在不厌其烦地临帖。

上面我简略地向大家汇报了我的一点体会与心得，谢谢！

国学、国画与国术

李德仁

字泽甫,号霁原,斋名存道堂。九三学社社员,山西大学教授,博士生导师,山西大学艺术学研究所副所长。兼国际宋氏形意拳总会副会长,北京市形意拳学会顾问,中华形意拳联合会顾问,山西东方美术研究院院长,中国美术家协会会员,中国书法家协会会员,全国艺术学学会理事,美国世界名人传记研究院顾问,马来西亚艺术学院特聘研究员等。七岁始学形意拳,十四岁兼学长拳,中年以后重点研练形意拳。师从恩师宋光华等先生,为形意拳"维"字辈传人。数十年练拳与修道结合贯通,兼长于道、儒、佛哲学及书法绘画。对形意拳技击、养生、理论均有独到造诣。

构成宇宙、自然的有规律，也有物质。在西方，它是分为两个的，中国是合为一体的，合为一体的东西就是道。这个道就是物质、规律合为一体、合二为一的东西，它存在于一切事物中间，一切事物的运动、变化、发展都是它的能量在发生作用，社会的变革及生产、劳动这些行为的产生，我们的大脑、思维，我们的生命体，包括整个自然界，整个宇宙，它都是由这个东西构成的，这个东西既是物质，又是规律，这个东西就是道。所以为什么目前在全世界都追求中国文化？在全世界，包括欧美，没有一个民族的思想家曾经认识到这个问题，可是中国早在三千年前就认识到了这个问题，甚至在更早以前，五千年以前尧舜时代已经初步认识了，所以为什么说全世界都认为中国文化了不起？因为它是高度的智慧。

各位朋友，大家好！非常高兴和大家共同研究、探讨中国传统文化，中国国学以及中国的绘画、传统武术。中国文化源远流长，目前我们可以考证的文化历史有五千多年，中国文化在世界上具有很高的地位。中国是世界四大文明古国之一，尽管文明古国有四个，但是文化能够不断延续的，只有中国。

中国的文化用四个字概括，就是博大精深。一个国家首先是建立在文化的基础上，文化是立国之本，今天不论在国内，还是在国外，对于中国文化的研究探讨都非常热，所以目前中国有国学热，为什么会出现国学热？或者中国文化热呢？近代以来，中国在经济、军事、科技、政治等多个方面相对落后，这与近二三百年来中国的政治统治有关系，之前的统治比较封闭、专制，限制了文化的发展，中国处于落后、被动的地位。近些年来，特别是近半个多世纪以来，中国文化又开始了新的复苏、新的发展。20世纪70年代，世界上出现了老子热，老子是中国哲学的早期集大成者，老子提出道的哲学，所以近几十年来国际上流行"求道热"。20世纪末，西方一些学者提出未来的21世纪，也就是现在这个世纪，将是中国文化的世纪。为什么会提出这些呢？中国文化不仅对中国自身的发展具有重要意义，更重要的是它对于整个人类的发展也具有很重要的作用和意义。

中国文化从社会来看，它是一个整体的观念，就是说中国文化是以天下的观念来看社会的，大家知道儒家《大学》里讲修身齐家治国平天下，把整个天下是作为一个整体来看待的，相对来说，西方文化每一个政治派别都基本上倾向于自身的利益，它不是统一考虑整个天下的。我们现在来说，全世界乃至整个地球它是一个整体，整个地球的人类将来又和谐发展，依靠西方的逻辑思维，光靠自身的利益，肯定不能使世界和平安宁、统一发展。目前，世界上包括中国、美国和欧洲一些国家的学者发现，中国的文化是把全人类，乃至整个世界作为一个整体共同发展的，这样的话就形成了中国文化热，在我们国内也有国学热。

首先来讲什么是国学？"国学"的概念是在民国时期提出的，就是说西方文化大量输入中国以后，对中国文化造成了冲击，这种情况下，很多中国的专家学者们认识到中国文化必须坚持发展，必须巩固，便提出了国学的概念。对于国学的解释多种多样，有人说国学就是经史子集，有人说国学就是儒学，还有人认为国学就是以道家哲学为主的，还有的认为国学指的是中国文字学，说法尽管多种多样，但都不是很完整，我们今天来看，国学应该指的是中国传统文化的精华。当然，中国的传统文化当中，也有一些不好的东西，但它的精华不仅不会淘汰，而且一直在发展，将来对于整个人类都会起到很重要的作用。

我们说文化是立国之本，有一定的文化才有一定的国家，一个民族、一个国家是建立在自身文化基础上的，如果它自身的文化没有了，这个国家和民族就不存在了，可能它就会变成其他国家和民族的附庸，或者变成其他民族的成员。我们中华民族几千年来作为一个国家一直存在着，就是因为有我们自成体系的传统文化。中国文化之所以能够存在，是有一定载体的，国学作为文化载体，主要有四大方面。

第一是文字。我们中国经典的东西很多，比如《老子》《尚书》，还有道家的、佛教的很多经典，还有农业、文学艺术的经典等等。很多经典能够几千年一直传承，就是因为中国的文字，也就是汉字。汉字是表意的文字，我们一看这个字，还没有读出来，就能够知道它是什么意思。世界上的文字有多种，主要的有两大类，一类是拼音文字，一类是表意文字，拼音文字比如说英语，最有代表性；表意文字当然其他国家也有，但是发展得不是很完善，中国的汉字是人类表意文字当中最优秀的、最有代表性的。

第二是语言。语言就是我们中华民族自身的语言，当然我们中国的语言首先是汉语，还有其他民族的语言，比如藏语、满语等等。说到语言和文字的关系，我们目前在院校里面，比如说大学里面基本是这样说的，语言是表达意思的，文字是记载、记录语言的。这个语言学的观点实际上是从西方引进的，"文字是记录语言的"，这个观点适用于拼音文字。比如英语，ABCD 这些字母本身没有含义，只有语言才有含义。一个字母它是一种语言的部分，如果脱离开它的语言，英文字母没有任何含义。

中国的文字却不一样，它每一个字都有独立的含义。我们近代以来曾经有些人说中国的汉字很落后，书写起来也不方便，你看西方拼音文字多么简单，中国常用的汉字起码是几千个字，有的专家学者用的文字更多，认为这个落后，包括鲁迅先生都认为汉字是落后的。但是随着时间的推移，这个观念都颠倒过来了，全世界都认为汉字是最优秀的，英语、法语这些拼音文字的语言相反都是很落后的。为什么呢？我们说现在的英语单词，它代表一个字，它的单词有多少呢？我们专业人士曾经统计过，英语的单词有 38 万多个，目前正在暴涨，几年内可能会达到 40 万个。学英语的人头脑里边能记多少单词呢？一个人，大脑的记忆有一定限度，正常人头脑里面记一万个单词就了不起了，就像中国人，平常记一万个字，可能都记不住。所以西方人头脑里面能记一万个单词，那就了不起了。既然大脑的负载是有限的，无限制发展的词语怎么办？肯定记不住。那就只好分科，比如你是搞语言的，你就研究语言方面的词语；你是搞历史的，就记历史方面的词语；你是搞物理学的，就学物理学的词语；你是搞文学的，就记文学的词语；搞艺术的，就记艺术词语；搞医学的，就记医学方面的词语；搞化学的，就记化学方面的单词；搞数学就记数学方面的，搞政治的记政治的，搞哲学记哲学的。这样的话，西方的学者造成一个什么情况呢？比如他是搞历史的，他想看一本物理学的书，或者读一下物理学的杂志，可能根本看不懂。搞艺术的想看看哲学的书，根本看不懂。为什么？你学科的一万个词语你能记住，另一个学科的一万个词语根本记不住。

我们经常在国际上交流，很多朋友说自己研究的学科以外的书他翻开以后，简直就是天书，ABCD都认识，但是就不知道那个词是什么意思。所以西方的文化，包括教育，它是分科的，那个学科分得越来越细，它不得不细，为什么呢？那个词汇量就决定了它必须分开。

中国却不一样，无论是你是哪一个学科的，看的哪个学科的书，用的字都是那几千个汉字，同样是这几千个汉字，它可以记录文学方面的成果，也能记录历史方面的成果，再一组合就是哲学的、医学的、物理学的、化学的，各个学科的成果都能够用这几千个汉字记录下来，个别特殊的字翻一下字典就找到了。

我们跟西方的专家学者交流，人类学科分了那么多，但各个学科之间应该是互相贯通的，他们说那样不可能，为什么呢？搞这个专业的，根本不读另一个专业的书，那怎么贯通呢？但是在中国你搞这个专业的，可以读那个专业的书，任何专业的书你都能拿来读。这使得中国文字目前来看，是世界上最有优势的，中国祖先是最有智慧的，中国的汉字并不是凭空创造的，它具有高度的哲学智慧头脑。

中国的汉字构成基本规律是六条，在中国的文字学上叫六书：象形、会意、转注、指事、假借、形声，我们的汉字如果遇到一个生僻的字，比如考古学上发现一些文字，汉代的，或者先秦的，周代的，甚至是商朝的，我们根据文字学的六条基本规律，就能够把它释出来。20世纪60年代在山西侯马发现了大量的晋国文书，晋国的文字，现在人们基本上都不认识了，但是那些文字经过专家研究（特别是我们山西的张颔先生），每一篇内容基本都能注释出来，所以说中国的汉字有严密的科学规律。目前来说，我们中国汉字是世界上最先进的文字了。

第三个是科技，科技也是文化载体之一，比如农业、手工业，后来有工业、天文、地理等等，这都属于科技。

中国文化的四大载体，文字、语言、科技，再一个就是文武艺术。中国的武术过去叫作"武艺"，诗词、绘画这些叫作"文艺"，这些都是艺术，我们中国的文化之所以能够传承下来，就是这四大载体把它保留下来了，我们继承传统文化，也是通过这些载体去掌握、继承、发扬、运用。

我们国学有四大载体，有哪些具体的内容呢？首先，小学是基本内容，就是文字训诂之学，也就是我们说的文字学，以往称之为小学，这个小学在历史上和大学是对应的，什么是小学，什么是大学？文字学就是小学，治国平天下的学问就是大学。在儒家经典里面有四书：《大学》《中庸》《论语》《孟子》，这是儒家的四本经典著作，第一本就是《大学》，讲的什么内容呢？就是如何治国平天下，这些是原则性的东西。

我们中国人，包括世界上学习中文的人，都会运用汉字，那么首先要了解它，才能很好地运用它。如何了解它？那就是要学文字学。文字学是每一个中国人都应该具有的知识，我认为中国应该重新普及文字学。新中国成立以后，文字学曾经有一段时间不太被国家提倡，就是极"左"思潮，认为文字学里面很多内容是封建社会留下来的，有很多封建理念的内容，我们目前来看，这个观念是偏激的，极"左"的，不正确的。我们到日本看日本人的字典，哪一个字是怎么构成的，比如"河"为什么这样写？它是形声字，三点水代表水，"可"和"河"之前是发同一个音，所以是形声字。每一个字都有分析，日本的汉字辞典上都有，但是中国的没有，新中国成立前有，新中国成立后没有。台湾出过一本大辞典，16开本，40册，里面每一个汉字都有分析，它是怎么构成的，构成的规律，从文字学意义上解释每一个字，对于每一个汉字的解释都是非常准确的。前些年，从20世纪80年代开始，中国又编了一套《汉语大词典》，也是具有很大规模的，可惜没有文字学的汉字分析，把这些都丢在一边了。

我们如果手边的工具书没有文字学的分析，可以看《说文解字》，是汉代许慎编的,他把大量的汉字都用文字学构成的原理来解释,文字本来的含义是什么,后来又演变成什么含义。《说文解字》在清代又有很多人做了注解,清代的文化比较落后,是中国文化史上的黑暗期,但是在文字学方面,成果比较突出。当时的黑暗统治不让你去研究哲学和思想,所以文字学非常突出,特别是对《说文解字》的研究最为完备,最典型的就是段玉裁的注解,喜欢研究文字的每个人都应该有这样一本。

国学的内容基础是"小学",我们现在国学比较忽略这个事情,希望我们每个人都精通文字学。国学的内容最高最尖端的东西是哲学,就是中国的道德之学,这是中国文化的最高范畴。这个阶段基本是儒释道哲学,特别是道家哲学,代表中国哲学。

在1985年的时候,湖南湘潭召开了全国第一届老子学术思想研讨会,全国有近百人参加了会议,当时山西只有我一个人参加了,所以山西对于中国哲学的研究相对是很薄弱的,在这方面做出深入探讨的人很少。但是中国哲学是很重要的,历史上山西的哲学家是很多的,比如尧、舜、禹,尧、舜是中国哲学的真正奠基人,尧、舜的政治权力的移交是禅让制,他们把政权移交的同时,也把哲学移交给了接班人,其核心就是去其两端用其中于民,以统治这么庞大的一个国家,当时已经有了九州的概念,像山西,包括现在河北的一部分当时叫作冀州,现在的冀一般指的是河北,但是在当时,冀指的是山西,就是黄河以东,太行山以西,而且冀州当时属于京畿,相当于清代的直隶省,尧、舜、禹的时候,首都在山西境内,山西这块是冀州,冀州是京畿,就是天下的中心。

尧、舜要统治这么大的天下,必须有哲学的智慧,任何事物都有它的两端,要去掉两端,用它中间的部分。哲学发展到后来,一直到春秋时期老子提出道,老子用道的概念,概括地去其两端用其中,后来老子的学生孔子也继承了老子的哲学,孔子早期是跟着老子学礼,周代的礼仪制度很讲究、很复杂,往往很多人都搞不清,因为它太复杂了,所以需要专门研究。老子晚年把周易用老子的思想来注解,产生了《易经》的篆文,就是用来解释《易经》的。

《易经》是谁编的呢?据历史记载是周文王开始编的,后来他的儿子把它进一步完善,《易经》前面的经文,很简单的一条一条,六十四个卦,就是那些内容;后面的十篇都是孔子和他的弟子们来完成的,辅助人们来读《易经》。在《易经》的篆文里面提到"一阴一阳之谓道","道"这个词是老子提出来的,它是阴和阳的合一体,在老子提出道的概念以后,它把哲学的含义就总结得更深刻、更系统、更完备。

其实儒家还有一个很重要的经典叫《中庸》,我们中国的文化界从汉以来,开始对《中庸》曲解,到宋代已经歪曲得不像样。到目前来说,真正懂得《中庸》的人微乎其微,人们都会说"中庸之道",但是什么是中庸之道?知道的人很少。汉人为什么要曲解中庸呢?因为大家知道,孔子是老子的学生,到汉代的时候,他们就分成了对立的学派,道家是一派,儒家又是一派。西汉初年有文景之治,汉武帝把儒家扶植起来,他的老祖母坚持用道家哲学思想,而他用的是儒家的知识分子,所以产生了一些矛盾,汉代就有了学派的门户之见,儒家要去老子化,认为儒家并不是从老子那儿成长起来的。

其实,《中庸》是一本修道的书,它的第一篇第一句"天命之谓性,率性之谓道,修道之谓教"。天命是什么?我们经常说"命令",首长命令你干什么,命令是一个重复字,其实命就是令,令就是命,你看"命"字怎么写呢?上面是个人,下面一个横,左边一个口,过来一个单耳,但是原来的"命"不是这么写的,它是口字过来个令,就是说用语言让你去做什么。"天命"就是自然让你干什么,那就是天命,也就是说自然决定了你是什么样的,那就是天命。过去批判封建迷信,说天命是封建迷信,唯心主义,其实并不是这样,《中庸》里面讲的就是自然决定了你是这个样子,那就是天命。"天命之谓性",性就是事物的本性,我们现在经常用一个词语叫"本质",指的就是它的本性,这是《中庸》的第一句话。第二句话"率性之谓道",率是什么意思呢?统率、率领的意思,就是统率这个事物本性的那个东西,那就是道。第三句话,"修道之谓教",我们说"儒教",儒家是儒教,儒教既然成为一个教,是因为它修道,这个道就是从老子来的,老子传给孔子,孔子又传给他的弟子门徒。你一个人的时候也要遵守那个道,为什么呢?那个道虽然看不见、抓不住,耳朵也听不见，但它是存在的，它是宇宙事物的本体，是构成一切事物最小的物质单位，它包含着规律，包含着能量，那个东西到处存在，你就是一个人单独在一个地方，周围的道也是存在的，包括你自身，人也是由很小的微物质构成的，离开它便不是道。

道是什么？老子讲得很详细、很具体，我们综合来看，道是无限小的物质单位，它包含了能量，不是说能量一回事、物质一回事，只要有物质，就有能量。道是物质的最小单位，像我们物理学上讲"粒子"，现在我们讲基本粒子，一切事物都是由分子构成的，分子是由原子构成的，比原子更小的单位是电子和质子，质子是阳性的，电子是阴性的，阴阳是在一体的。比它更小的是粒子，小到什么程度呢？现在来看是无穷尽的，我们科学研究到一定程度，只能发现一定小的粒子，再小的话，科学没有办法去发现它。无限小的单位，物质无限小的单位就是道，同时，道又是一切规律的体现，各种事物都有规律，无限的核心规律就是道。我们说道是能量的无限深入的单位，也是和能量无限的合一体。

大家可能都知道规律、物质这两个词，一切事物都是物质，我们中国主张唯物主义，一切都是由物质构成的，可能有的朋友们看过恩格斯写的《自然辩证法》，在它的导言里面讲，一切事物都是发生、发展、死亡的，任何事物都是有发生、有发展、有死亡的，新的事物跟着又发生、发展、灭亡，但是他说只有两个东西是不灭亡的，一个是物质，一个是规律。我们一年一年过去了，物理的规律变不变呢？不变，一切事物都在产生、灭亡，但是内在的物质是不灭亡的。

我们用中国文化的观点来看，比如一杯水，水是物质吧，水有没有规律呢？我们学过物理学的都知道，水的规律有很多，它有三态变化：液体、固体、气体；它是由什么构成的呢？一氧化二氢。我们把氢气和氧气燃烧以后它就变成了水，这是水的规律。

但是水的规律和水的物质是两个问题，我们有没有办法把水分成物质和规律？任何科学家都没有办法把这两个规律分开，既然分不开，说明什么问题呢？我们说规律是不存在的，我们说那个物质也是不存在的，世界上只存在一个东西，规律和物质混在一起的，合在一起的那个东西。大家说人类社会有规律,现在发展经济,经济也有规律,你能不能用最先进的科学手段,把人类的规律提炼出来,把经济的规律提炼出来? 经济里面就有物质,就有规律,人类社会的规律在哪里? 它只存在于人类社会,这个人类社会既是物质,又是规律。规律和物质我们假定它是两个东西,但其实没有两个东西,只有一个东西,规律和物质合二为一的东西是什么? 肯定它不是规律,也不是物质,而是两个东西混在一起的。

构成宇宙、自然的有规律,也有物质。在西方,它是分为两个的,中国是合为一体的,合为一体的东西就是道。这个道它就是物质、规律合为一体、混二为一的东西,它存在于一切事物中间,一切事物的运动、变化、发展都是它的能量在发生作用,社会的变革、生产、劳动这些物质产品的产生,我们的大脑、思维,我们的生命体,包括整个自然界,整个宇宙,它都是由这个东西构成的,这个东西既是物质,又是规律,是合为一体的,这个东西就是道。所以为什么目前在全世界都追求中国文化? 在全世界,包括欧美,没有一个民族的思想家曾经认识到这个问题,可是中国早在三千年前就认识到了这个问题,甚至在更早以前,五千年以前尧舜时代已经初步认识了,所以为什么说全世界都认为中国文化了不起,因为它是高度的智慧。

道的信仰也就是道的崇拜,它是宇宙一切事物的本体,构成一切事物的最小能量,一个东西是到处存在的,包括我们自身的身体,都是它构成的,但是尽管存在,你不一定认识它。我们自己有大脑,有五脏六腑,自己都有骨骼、有肌肉、有血管等等,但是你知道心脏每天是怎么运动吗? 你知道肝脏每天怎么工作吗? 你知道大脑细胞是怎么发生作用的吗? 不知道。尽管那个道存在于你的身体里面,但是你不知道它,你知道了它、领悟了它,你就得了道,你得道以后,这就是“德”,所以德者,得也。

在宇宙中客观存在的道被你掌握以后,就变成了德。你按那个道的规律法则来行动,那就是有德之人。一切事物是不是符合道,标志就在这里。所以中国人经常讲“天人合一”的概念,天就指的是整个客观世界,人就指的是人的精神,就是你的精神,你的思想,你的头脑,你的意识,应该和客观存在的道是保持一致的,这就是"天人合一",就是客观和主观保持一致,保持融合。

天人怎么才能合一?交汇点就是"道"。整个自然统率一切事物本性的就是道,人领会了那个道,而且又按照那个道去行动,去执行,规范自己的行为,这就是有德之人,能和整个宇宙保持一致。

国学的内容基本就是文字学、小学,最高的层次就是哲学,就是道,中间部分就是百科之学,就是各个科目的学问,包括伦理学方面的、经济方面的,科学的、技术的、文学、历史、艺术等等。

我们谈国学,最重要的就是这几个方面,一个是中国的道德信仰,一个是中国的文字,再一个,中间的这些就是各个方面的文化,比如文学、艺术及其他百科之学等等。

我们再来谈谈中国的艺术。先说国画。国画就是中国画,这个概念是民国时期一直提的,新中国成立以后有些人反对称"国画",比如美术学院原来有国画系,但是新中国成立以后有人认为不能叫国画,只能叫"中国画",国画代表国家的艺术,就像国学,代表中国的文化学术,但是各个院校,比如中央美术学院,称之"中国画系",不叫国画系,为什么?中国画是一种画法的形式,油画也是一种形式,雕塑也是一种形式,版画也是一种形式,它是这样并列的,削弱了中国画的代表性地位。这种观念实际上是西方文化的冲击造成的,西方文化认为中国画不科学,只有西方的油画、素描这些才科学。在20世纪50年代中期,曾经有人提出来要取消中国画,以后不要搞中国画了,不要搞那种东西了,你看油画多好,素描多好,水彩画多好,后来这个意见弄得很大,中国有艺术家坚决反对,甚至告状告到周总理那儿,周总理说中国画怎么能取消呢?但是它形成的影响到现在也没有消除,中国目前所有的大学美术系招收大学生,都要首先考西洋画,你这个学生能不能入学,就是看你会不会画西洋画,会不会画素描和水粉画,这个问题我们多次反映过,但是很难在短期内纠正。我们中国美术院校的课堂上讲美术的观念、讲艺术的规律,很多讲的是西方的艺术观念和规律,甚少讲中国的艺术规律。中国美术院校的课堂上应重视中国规律理论体系,文化是立国之本,艺术是文化的重要载体,故宫那么多藏画,那时候溥仪搞满洲国,把故宫的藏画弄出去,日本投降以后,把满洲国消灭以后,由公安部专门派了很多重要的人员到全世界去收那些东西,后来才成立了故宫博物院,故宫博物院之前是没有好作品的,为什么呢?溥仪把很多好东西偷偷弄到国外去了,剩下的被当时的国民党政府弄到了台湾。后来追回来很多,现在的故宫博物院藏画也非常乐观,甚至远远超过了台湾故宫博物院。

为什么国家这么重视呢?因为文化是立国之本。还有其他的中国博物馆,各个省的博物馆,上海、沈阳、南京几个大博物馆,还有山西的博物馆,名画、书法收藏有很多,国家既然把文化作为是国家的立国之本,那么珍贵,那么在大学课堂上讲绘画的时候,可以多设置一些中国画技法的相关课程,以便更好地传承中国画,现在好多在校国画专业的学生中国画基本的技法掌握得少而不精,比如山水画,像我的情况比较特殊,我没有上大学,是拜师学艺,跟着几个老先生学艺,这些老先生基本上都没有上什么大学,都是一代一代师傅带下来的,我正好跟上了,这样学的。

国画就是绘画形式的国学,形式上是绘画,内涵就是国学。我曾在某座谈会上谈道:现在中央提倡弘扬中华传统文化,首先把中华传统文化的那些经典编在教科书里面,小学课本里面就应该开始有传统《三字经》《大学》《中庸》,都是几千字,为什么不把它放在课本里面?弘扬中华传统文化,要将之引入课堂。这些问题大家都要去呼吁,都要去共同努力,真正要做到弘扬中华文化,不是一个简单的事情。

国画是绘画形式的国学,本质上是体现中国文化的,说得更具体一点,体现了中国哲学的思维模式,现在我们流行的理论是"艺术反映生活",我们看报纸、看文件,这些都是反映生活的方式,但是仅靠深入生活,能画出最新最美的作品吗?艺术是从生活中来的,难道非要跑那么远才能产生艺术吗?全国各地哪个农村,哪个角落,有生活的地方,都应该有最好的艺术。绘画作品是画家画出来的,不是生活自己产生出来的，画家为什么能画出来？因为画家有头脑。画家有精神，有思想才能画出来。

毛主席曾经说过，作为观念形态的文艺作品，都是一定的社会生活在人类头脑中的反映的产物，革命的文艺，则是人民生活在革命作家头脑中的反映的产物。这说明什么问题呢？生活是一个方面，艺术家那个头脑又是一个方面，就是说生活并不能产生艺术，只有生活和头脑结合起来，才能产生艺术。我们生活当中有原料，原料不等于艺术作品，它要经过你的头脑，才能产生艺术，所以生活加头脑才是艺术的根源，不是光有生活就有艺术。

而且更重要的是，艺术作品质量的高低，决定于你头脑的高低。艺术是中国文化的载体之一，它是文化的载体，表面上画的是一幅画，但那个东西体现的是文化，如果艺术家头脑里面没有文化，你的作品能成为高级的文化载体吗？只有你的头脑里有很高的文化，你的作品里面才能有很高的文化。你作品的高低、水平的高低，就决定于你作品里面所包含的文化高低，所以我们过去以往的那些画家，那些大师，都是文化的巨人，他们的头脑是非常厉害的。现在的艺术生们也应重视文化的积累，毕业后也应注重文化的研究，这样创作的作品才能有很高的文化内涵。

中国画到底科学不科学？我们看看人类美术史就会发现，人类的美术其实分三大类，一类就是像西方人说的，反映生活的，反映自然的那种艺术，画家就应该像镜子一样，后来发展成了照片，这种艺术，我们把它叫作"再现艺术"，西方的传统艺术就是再现艺术，画的就是看到的样子。这种艺术也叫客体艺术，绘画的成败决定于客观的外界事物。西方人后来发现科学一发展，照相机出来了，反映生活、反映外界事物的话，照相机就能反映，不用画家反映。有人说中国的艺术家是有思想的，不是像拍照片一样，所以他们认为中国艺术是主观的，是表现的，中国的艺术不是画客观事物，是画自己内心的，表现自己精神的，表现自己的思想、头脑，所以中国艺术是表现的，西方艺术是载体的，这是欧洲人近代以来的看法。因为中国艺术是表现主观的，所以出现了西方的反传统,从印象派以后反传统,传统在西方就不叫艺术。于是开始学中国,中国艺术是表现主观的,他说既然艺术的本质是表现主观,客观的外界形象就没有意义了,后来认为越表现越好,越能再现越好。最后发展到抽象主义以后大同小异,抛弃再现思路,画的时候把我的精神表现出来就可以。别人问那画的什么呢?他说什么都不是,是我自己的精神。但那也不是艺术。

西方的文化是理性文化,他们信仰上帝,上帝是理性的代表和化身,他反对任何无理性,西方的文化是反传统的,西方有很多历史上的哲学家最后都被否定了,很多观念都过时了,这样他就不相信了,认为世界上没有理性,世界的本质就是无理性,艺术也是这样,何必研究什么解剖学、透视学、光学?这就是西方的现代派,和西方的哲学理念是一脉相承的。

西方人分析中国画,说中国画是主观表现的,那么中国画是主观表现的吗?我们中国画中的山水画再现大自然,画黄山、太行山;人物画,画这个人物,那个人物;画这个朝代,那个朝代;花鸟画,你画牡丹花,就不能画成月季花;你画鸟儿两条腿,不能画成四条腿。中国画很重要的,外师造化,中得心源,外师造化就是再现,中得心源就是自己的内心世界,那就是再现和表现的统一,所以中国画几千年来没有脱离过再现,几千年来也没有脱离过表现,所以它是抽象和具象融为一体的,这个思维的方式就是我们国学的思维方式。

再来说说被称为国术的武术。什么是国术?就是中国传统武术、武艺。在1980年前后,国家曾经统计过中国武术的派系,有130多种,有的说是129种,有的说是130多种,还有的人说是150多种,基本上是130种左右。武术的派系很多,几千年来,中华民族建立国家、维护政权、维护国家社会安定,武术起了非常重要的作用。

中国武术派别这么多,最有名的是四大名拳,最老传统的是少林拳,以少林寺为中心,少林武术来天下,天下武术来少林,少林武术是比较悠久的拳种。

四大名拳里面除了少林拳以外都叫"内家拳",形意、太极、八卦叫内家拳,关于内家、外家的争论很多,我们归结起来,内家拳是修道法门,是通过练武来体验哲学,一招一式里面都讲究力量,讲究力和气的关系,外家拳不管这些,练了以后手很有劲,所以外家拳是克敌武技。内家拳修道以后,掌握了事物的规律,所以历史上说内家拳用其一二足胜外家。内家拳通过练拳修道,道通一切,拳道通天道,练武中间的规律、道理、法则和宇宙的这些本质规律是一致的,宇宙的本质规律和人类社会的规律又是一致的,所以练拳可以通天道,通了天道就可以通人道,所以内家拳的人很有修养,处理各种矛盾,所以历来内家拳在中国武术界声誉很高,地位很高。

内家拳为什么叫内家拳?这与中国明代末年儒学有直接关系,中国的社会从汉代以来,基本上是儒学占主要地位,特别是宋代以后,儒学占绝对统治地位,中国武术都是体现中国文化的,内家也好,外家也好,内家更具有在思维领域的先进性,所以内家拳后来在国内很快传播得很广。

形意拳也好,太极、八卦、少林,它都是中国武术的团派,都是优秀的传统,其中包含着很深刻的文化,这些很深刻的文化不是我们短时间内能够介绍出来的。

总的来说,我们把传统的文艺和武艺联合起来研究,你就会发现中国的传统文化是多么优秀,它的内涵和外延是多么了不起。

希望我们从事艺术和武术的同志,可以再进一步地发掘我们的传统文化,把中国的国学真正发扬光大。

谢谢大家!

想象女性：大众文化中的女性形象分析

葛延峰

九三学社忻州师范学院委员会副主委，校"1331工程"中青年拔尖创新人才，北京师范大学硕士，中国女性文学学会会员，国家级普通话测试员，忻州市第四届政协委员。山西省本科院校中青年教师教学基本功大赛一等奖获得者，先后获得"山西省十大杰出知识女性""忻州市巾帼建功标兵"等称号，被山西省劳动竞赛委员会记一等功两次。师从国内性别研究专家北京大学戴锦华教授和南开大学乔以钢教授，长期从事性别与文学文化教学研究工作，在国家级学术刊物《中国现代文学研究丛刊》《文艺理论与批评》《中国大学教学》等发表论文二十余篇；主持并完成省级科研课题六项；出版专著两部。

西方女权运动的起点,学界公认的是1789年,"天赋人权"深入人心。1789年7月,法国大革命爆发后,一群巴黎妇女进军凡尔赛,向国民议会要求与男子平等的合法人权,揭开了女权运动的序幕。1791年法国女剧作家德古热发表了《妇女权利宣言》,宣言后来成为女权运动的纲领性文件;1792年,英国女作家玛丽·沃斯通克拉夫特夫人发表《女权辩护》,提出妇女应当在教育、就业和政治方面享有与男子同等的待遇,驳斥了女人是男人玩物的观点;19世纪中叶,女权运动的中心从欧洲转向美国,直至1920年,美国才通过法案,保障女性享有同男人一样的选举权。

尊敬的各位朋友,上午好!非常荣幸来到文源讲坛和大家交流有关女性的话题。今天是长假的最后一天,天降暴雨,依然有这么多朋友光临,非常感动。

刚才的暖场音乐大家都听到了,这首歌的名字叫《下辈子不做女人》,歌者如泣如诉,控诉着男人的善变和冷漠:我不愿再受伤害了,如果有下辈子不做女人。在座的听众有一半以上是女同胞,为什么大家都不愿做女人呢?

古希腊传说中早期的人,最早是一个雌雄同体的球体,有四条胳膊四条腿,智慧超群力大无比,惊动了奥林匹斯山上的众神,所以被一分为二,分成了男性和女性,这个传说证明了人类早期的男女无所谓优劣。

性别是大自然的选择,为什么女性后来成为劣于男性的第二性?女性在人类发展史上,又遭受过哪些令人发指的残害?今天的女性被大众传媒刻画成什么样子?今天的女性又该如何应对?这是讲座要探讨的问题。讲座共有四个关键词:贬抑女性、发现女性、想象女性、重塑女性。

一、贬抑女性

众所周知,人类社会的发展,经历了漫长的母系社会,如今,有些部落还有母系社会的遗存,比如云南泸沽湖边的摩梭人,至今还保留着走婚习俗。随着私有制的出现,父系社会逐渐取代了母系社会,女性在父系社会彻底沦落,遭到了令人发指的迫害。

先看一组歧视女性的言论。古希腊著名思想家柏拉图说"女人劣于男人,男人在一切方面都要超过女人,感谢上帝把我生成男人";亚里士多德说"女人是残缺不全的男人,是没有思考力的";莎士比亚说"女人,你的名字是弱者";尼采一生受两个女人的照顾,就是他的母亲和妹妹,但他还认为"是去女人那里吗? 别忘记你的鞭子";叔本华说"女性只存在于男性的性冲动中";孔子认为"唯女子与小人难养也",显然是对女性的一种歧视;《圣经》说"做妻子的要顺从丈夫,因为丈夫是妻子的头"。西方还有"原罪说"。上帝造了亚当后,用亚当的肋骨造了夏娃,夏娃禁不住诱惑,吃了智慧树上的果子,上帝非常生气,为了惩罚夏娃,让她承受生孩子的痛苦,女人生来是有原罪的。

漫长的男权社会,对女性有诸多残害,世界上曾有残害女性的四大陋习:

一是非洲的女性割礼,为了让女性没有性欲保持贞洁,小女孩在4到8岁的时候,要把她们的大小阴唇割掉,这种手术的后遗症是,别说性欲了,连小便都十分痛苦。一个美国记者曾经用图像记录了肯尼亚某个村庄的割礼。图片上一位母亲手拿血迹斑斑的刀片,割礼手术没有任何麻醉措施,6个女人在旁边摁住这个女孩,这种疼痛生不如死,女孩想咬舌自尽,其中一个女人就要往这个女孩嘴里灌辣椒面,不让她把舌头伸出来。

二是印度寡妇殉葬制度。印度女性地位很低,为什么低呢? 因为两个习俗,第一个是女性的嫁妆。印度人结婚不是男方出嫁妆,而是女方出嫁妆,女儿的嫁妆成为家庭沉重的负担,好多贫穷家庭的女孩终身未婚。第二个是印度寡妇的殉葬。如果丈夫去世,寡妇必须随丈夫一起火葬。20世纪80年代还有这么一个惨案,丈夫去世了,丈夫的弟弟就把寡嫂往火堆里送,活活烧死。印度有一个景点叫手印墙,就是随丈夫殉葬前,妻子要在橙色的墙上留下自己的手印,一个个手印,就是一个个印度女人的血泪史。

三是中国的裹脚。为什么要给女人裹脚？有两个原因，第一个原因，用裹脚把女性行动范围进行限制，脚太小，什么都做不成；第二个原因，我认为是满足男性的欲望，为什么这样说呢？有史料记载，小脚被看作女人的性器官，不轻易示人。辜鸿铭就认为女人裹脚后血往骨盆上涌，有利于生育。林语堂说"观看一个小脚女人走路，就像在看一个走钢丝绳的演员，使你每时每刻都在被她揪着心"。

男权社会不仅从身体上残害女性，还从文化上残害女性。法国有个思想家叫福柯，他说"话语即权力"，大家可以看看整个社会，话语的发出者是谁，女性是失声的，沉默的。

大家都知道一个词是"红颜祸水"，夏朝的灭亡不是因为夏桀的暴政而是因为妹喜这个女人；商朝是因为妲己这个"狐狸精"迫害忠良；周幽王烽火戏诸侯，为博褒姒一笑；唐朝杨玉环致使君王不早朝，发生安史之乱；明末清初的陈圆圆使吴三桂冲冠一怒为红颜，引清兵入关，导致明朝灭亡。历史上男人们把亡国败家的原因，都归在女人的身上。

语言文字是一种最深刻的文化，我这儿举了几个字：嫉、妒、奸、妄、嫖、娈等等，都表示贬义，都和女性有关。

讲到这里，可能有人会问：男权社会几千年，如此残害女性，女性不起来反抗吗？对，哪里有压迫，哪里就有反抗。

二、发现女性

今天我能坐在这里给大家做讲座，在座的很多姐妹们能坐在这个公共空间听讲座，得感谢我们妇女解放的先驱们，得感谢西方的女权运动。

西方女权运动的起点，学界公认的是 1789 年，"天赋人权"深入人心。1789 年 7 月，法国大革命爆发后，一群巴黎妇女进军凡尔赛，向国民议会要求与男子平等的合法人权，揭开了女权运动的序幕。1791 年法国女剧作家德古热发表了《妇女权利宣言》，宣言后来成为女权运动的纲领性文件；1792 年，英国女作家玛丽·沃斯通克拉夫特夫人发表《女权辩护》一书,提出妇女应当在教育、就业和政治方面享有与男子同等的待遇,驳斥了女人是男人玩物的观点;19世纪中叶,女权运动的中心从欧洲转向美国,直至1920年,美国才通过法案,保障女性享有同男人一样的选举权。

学界把西方女权运动分为三个阶段,就是通常所说的三次浪潮。第一次浪潮是19世纪末到20世纪初,这个阶段最主要的特点是争取女性的权利,所以有人把女权运动又叫作"男女平权运动",主张女性要和男性享有同等的政治权利:平等的受教育权、选举权和被选举权等,要和男性同工同酬,第一次浪潮的结果是女性争取到了上述权利。

女权运动的第二个阶段是20世纪初到20世纪六七十年代,主要特点是什么呢? 女性通过流血牺牲争取到了平等的权利,但事实上,她们发现在实际生活中,男女还是不平权,比如工作的歧视、就业的歧视、不同工同酬等等,为此,女权运动者从理论上进行反思,出现了自由主义女性主义、激进主义女性主义、存在主义女性主义等理论流派。

第三阶段是反思阶段。白人女性和黑人女性是不一样的,白人女性和白人男性相似性要大于白人女性和黑人女性的相似性,这一拨的女权运动正在路上。

女权运动对妇女最直接的影响是妇女研究在学术机构登堂入室,正式成为大学课程研究的内容,到20个世纪90年代末,美国有600多所高校开设了3万多门和妇女有关的课程,以哈佛大学为例,妇女课程成为本科的必修课程,中国在1995年世妇会后,性别研究遍地开花。

性别研究视角是女权运动对学界最大的贡献。以文学为例,20世纪30年代有两部著名作品,都是描写抗日战争的,都写到女性的受难,作者分别是萧军和萧红。萧军在《八月的乡村》中这样写:"路上随时可以看到倒下去的尸体,女人们被割下了乳头,裤子撕碎着,由下部滩流来的血被日光蒸发变成黑色,绿色的苍蝇盘旋着飞。"再看萧红《生死场》:"受罪的女人,身边若有洞,她将跳进去! 身边若有毒药,她将吞下去! 她仇视着一切,窗台要被她踢翻……她的腿颤颤得可怜,患着病的马一般,倒了下来。产婆有些失神色,她说:媳妇子怕要闹事,再找一个老太太来吧!"分析一下,萧军是旁观者视角,萧红因为是女性感同身受,才能写出这样的文字,这个例子告诉我们,性别不同,叙事角度叙事语言就不同。

现代文学史上闺秀派作家凌淑华的小说《酒后》被男性剧作家丁西林改编成同名话剧搬上舞台,改编后的故事主角由妻子变成了丈夫,这部小说的改编告诉我们,同一个故事,因为作者性别不同,呈现出不同的风貌。

性别视角引入各学科,给学者提供了不同的研究角度,在文学领域,主要从两个方面展开批判,第一是发掘女性写作传统,对女性作品重新评价;第二是对男性将女性欲望化的现象进行批判。

文源讲坛让我给听众推荐两本书,我首推《第二性》,作者波伏娃认为女人不是天生的,是后天形成的。怎样形成的?《诗经·小雅·斯干》有一段话:乃生男子,载寝之床,载衣之裳,载弄之璋。……乃生女子,载寝之地,载衣之裼,载弄之瓦。从这段话看出:社会形成了男性和女性的不同。

柯勒·贝尔是夏绿蒂发表《简·爱》时的笔名,男性化的名字,作品问世后,读者才知道作者原来是女性。乔治·桑也是男人一样的名字,若不是当时这些女作家女用男名,我们今天就读不到她们的作品了。

再来看这些电影,《永不消逝的电波》《霓虹灯下的哨兵》等都是女导演的作品,这些女导演抹杀了自己的性别特征,诉说着宏大叙事,女说男话,北京大学戴锦华教授把女用男名、女说男话等现象称作是"花木兰式困境",木兰要进入社会,必须女扮男装。而女权运动、女性主义文学批评还女性公正的评价,使"花木兰式困境"不再出现;第二,对男性将女性欲望化的现象进行批判。男性和女性如果平等的话,应该是互为主体的,有一部电影叫《西西里的美丽传说》,大家注意男性看女性的目光,充满了欲望。

如果男人看女人充满了幻想,充满了欲望,把女性当作一个客体来看待,女性的主体地位还是缺失的。虽然女性已经得到了解放,但是解放的时间从1789年算起,也就200多年的时间,真正的妇女解放也不过

100多年的时间。新中国的妇女解放走过了多长时间？68年,女性虽然崛起,目前又出现一些女性重新穿上了男尊女卑、男为女用、三从四德的现代时装。

三、想象女性

"大众文化"的主要传播途径是电影、文学杂志、电视广告等等,悄然深入到生活的每个角落,使我们不自觉地接受它的价值观念。

(一)一组形象

请各位用一些形容词描述林黛玉和潘金莲这两个女性。林黛玉冰清玉洁、才华横溢,都是褒义词;潘金莲水性杨花、心如蛇蝎,都是贬义词。一个正面评价,一个负面评价,截然相反的两个女性形象,大家想过没有,这两类女性形象全部出自男作家的笔下,男性笔下的女性呈现出两极:要么是贞女,要么是巫女。女性主义文学批评把这种男性写作两极化现象叫男性写作的"厌女症",其实质是歪曲、贬低女性形象,是男性想象的产物。

(二)两类电影

男导演的作品和女导演的作品又是如何呈现女性形象的？

先看一部著名的电影《家》,其中一个情节,觉慧和鸣凤相恋,当觉慧得知有丫鬟要被高老太爷选去做冯乐山的小时,觉慧急切地问鸣凤:"假使有一天人家当真把你选去了,你怎么办",他问的是"你",而不是作为男人的"我"或者相爱共同体的"我们"怎么办,得到鸣凤"坚决不从"的回答,觉慧满足了。这里,觉慧关心的只是他对鸣凤的所有权,而不是鸣凤的命运、鸣凤的生存境遇。不幸的事情果真发生了,鸣凤果真被选去做冯乐山的小,走投无路的鸣凤去找觉慧,觉慧没时间搭理鸣凤,鸣凤从觉慧的房间里走出来,作者写道:她知道这次是没有希望了,她并不怨他,反而更加爱他了。大家不觉得奇怪吗？觉慧都不管鸣凤了,鸣凤怎么会更加爱觉慧呢？男作家巴金就是这样写的。

看到这里,大家都非常难过,一个如花似玉的少女,为了男性,就这样牺牲了自己。这部电影是1956年拍摄的,导演是男性。

还有电影《魂断蓝桥》。玛拉可以不死吗？非要自杀吗？如果她不自杀，会出现什么结果？罗伊不会娶做过妓女的玛拉，这样显得罗伊对爱情不忠，为了树立罗伊重情重义的形象，玛拉必须死，玛拉的死成全了罗伊，玛拉和鸣凤一样，为了男人，必须去死。

再看女导演拍摄的电影，因为是女性，这种天然的性别因素在电影中应该体现出很强的主体意识，但具体情况是不是这样呢？《一个陌生女人的来信》是奥地利著名小说家茨威格1922年出版的作品，2005年，中国著名演员徐静蕾自编自导自演了这部电影，把背景从维也纳移到北平，电影讲述的是一个女孩13岁就喜欢上了一个作家，但这个作家是个花花公子，对这个女孩根本一无所知，女孩长大成人，始终对这个作家念念不忘，其间两人两度共度良宵，但作家还是对女孩无感。一天，作家生日之时收到一封陌生女人的信，信中写道：我已经爱了你十几年，还给你生了个孩子，我们的孩子昨天死了，他得了伤寒。今天我也马上要死了，临死之前，我想诉说一下我对你的感情。作家读完这封信后特别感动，居然有一个女人如此深情地爱过他，这个女人到底是谁呢？想了半天，作家终究没有想出来！信中有一段话："我的一生确实是从我认识你的那一天才开始的……我死得很轻松，因为你在远处是不会感觉到的。倘若我的死会使你感到痛苦，那我就不会死了。"最后这个女子还宣称"我爱你，与你无关"，就是默默地去爱，自虐式的爱情。因为这部电影是女性导演的，又反映的是女性主题，所以很多人认为这部电影是女性主义的电影，我们分析一下这部电影：视角、主题、叙述方式等，都是迎合男权观念的，这根本不是一部女性主义电影。

综上所述，无论男女导演的作品，对于女性的塑造，都是"女为男用"的。

（三）三种广告

女性和传媒的关系是女性主义的研究重镇，广告中的女性是如何塑造的？

把女人比作车比作酒等，是对女人的物化。在大多数传媒中，女人的身体形象往往大于商品本身，被置于前台中心，我们如果想看到商品，必须越过女人的身体才能看到，这种将女人物化的现象在传媒中比比皆是。

例如女体盛，女人的身体被当作盛食品的盘子。

作为三种女性角色，无论是贤妻良母、小鸟依人、淑女贵妇，都是以男性为支点的女性角色。我们的女性先驱好容易把我们解放出来，但是现在被传媒退化回去了。

还有一则广告，奔驰出了一款新车，这款车特别安全，有8个气囊，该如何表现这一创意呢？设计者苦思冥想，终于想出了4个女人的乳房，正好8只，温暖又舒适，让人不得不佩服设计者的创意。

还有，传媒中的女性是怎样呈现的？女人须有丰乳、细腰、红唇、能养小鱼的锁骨窝、美腿、如瀑黑发等，看到这些女性，现实中的女性就会产生深深的焦虑，怎么自己不如这些美女呢？所以自觉地按照传媒中的女人塑造自己，这样，正好中了男权社会的计谋，就像卢梭所说的，男人按照自己的理想塑造了女人，女人按照这个形象塑造自己。

所以，大众文化中所渲染的女性的牺牲、女性的纯洁、女性的漂亮，都是男性想象的产物，都不是真实的女人。

现实中的女性是什么样的？曾有美国的三个女性主义者给现实女性做过群雕：乳房是耷拉着的，肚子很大，一如你我。我们不能被传媒所蒙蔽，现实中的女性不应该只追求外在美，而忽略了内在独立、坚强、自信的品格。

四、重塑女性

以前的女人为什么没有地位？因为她没工作，没有任何经济来源，女性通过婚姻依靠男人谋求生存，就是俗话说的嫁汉嫁汉穿衣吃饭。

恩格斯告诉我们，妇女解放的第一个先决条件就是重新回到公共空间中去。前阵子有个热播的电视剧《我的前半生》，罗子君的故事告诉我们女人一定要工作，为什么女人要工作？女人如果不工作的话，困在家庭中，格局会小，眼光会短浅，这样的话，你的心胸会变小，你自己会不快乐。

女性精神不独立,感情不独立,在思想上还有依赖性,这是要不得的。在任何时间、任何地点、任何时代,女性的自尊、自信、自立、自强,是我们安身立命之本。

21世纪初的时候,美国语言学会评选一个21世纪重要的词,候选的词很多:自由、民主、科学、OK等等,最后有两个词脱颖而出,一个是"她",一个是"科学",最后对决时刻,"她"成为21世纪最重要的词,所以21世纪又叫"她世纪"。

最后,我想说的是,性别是不能改变的,能改变的是我们对性别的态度,尤其是男性对女性的态度。女性是社会塑造而成的,男性何尝不是被社会塑造而成的? 解放女性的同时,也意味着男性的解放。美国一位女诗人说过:只要有一个女人向自身的解放迈进一步,定有一个男人发现自己也更接近自由之路。两性就应该是求同存异、互相理解、互相包容、和谐相处!

什么时候这个女字不被特别地指出来的时候,那个时间,大概就是真正男女平等的社会,我相信,这个时间不会很久远,很快就会到来!

谢谢大家!

生命与教育

——教育对生命的尊重与关照

刘自觉

　　九三学社山西省委常委,山西省第十一届政协委员,太原师范学院主委。教授,太原师范学院附属中学校长。

　　出版著作《笛卡尔》《尼采传》《解析死亡》等。

对于一个有旺盛生命力的人，或者人处在生命力最旺盛的阶段，其感知能力也是最大的。然后生命力慢慢衰弱了，眼睛渐渐花了，然后颈椎也可能有问题，不能随便转动了。我们人就是这样，关键是我们有没有足够的勇气去承认？人就是有限的，受感官的限制。人只有两只眼睛，还是向前看的，如果我们到处都有眼睛的话，我们看到的世界，肯定不是现在这个世界，是不是？这就是我们身体结构的问题，所以我们看到的这个世界就是这样。我们好像依靠理性就能分析出真理，感性就不行，这样可能夸大了理性，忽视了感性。生活中我们的许多判断也是需要感情基础的，比如信任、爱、血缘等，这些也直接影响着我们之间的关系和判断。

各位朋友上午好！今天能有这样一个机会和大家交流，我非常高兴。我讲的题目是"生命与教育"，这个题目比较宽泛，可以集中讲一讲教育对生命的尊重与关照。今天的听众比较多元，从我来讲，也不想把它当作一个太学术的东西，就是想把我这几年在这方面的一些思考和感受，和大家交流一下。

我讲的有些东西只是我的一些想法，有些东西是我们学校的做法，这是一个；第二个，我讲课的主题大概是几个层次，一个是为什么要讲这个题目，一个是生命与教育的困惑与缺失，主要讲一下教育中的几个问题。

我的经历很简单，从大学毕业到大学任教，然后到中学任职，所以就义务教育、基础教育这块遇到的几个问题，和大家交流一下，这些问题看似没有联系，其实也有联系，其中有我的一些困惑和想法。可能在座的有家长，也有教师；第三个，我讲一下生命与教育的关系。教育真正的目的是干什么？我们的教育应该怎么和生命相一致，和生命的发展、成长相一致？这个虽然关系很复杂，最基本的一点，我要讲生命在教育中的地位和作用，还有教育的目的，这个可能也是我的一点儿思考;第四个是如何进行生命教育,这个就复杂了,我要介绍太原师院附中在这方面的做法;最后一个,我想把人一生的经历给大家演示一下,大家由此可以想到我们每个人都是这样。这就是我要讲的五个问题。

一、为什么要讲生命与教育

我讲这个题目的第一个原因,就是文明对生命的压抑。现代文明发展到这个程度,对于个体生命的存在,造成了一种压抑,表现了它的不尊重生命,一个生命很卑微地活着,人内在的高贵心灵没有了。

我曾写过一本《尼采传》,尼采是现代哲学的鼻祖,他其实就是批判现代文明。咱们刚才说"客观神",尼采就说,上帝死了。也就是说基督教的那一套价值观念保护的都是弱者,是对强者的不公平,他哪有什么博爱?这是尼采的话,他对整个西方宗教体系的价值观念是一种否定,有神吗?如果有神,我就不能忍受我不是神,我能忍受,所以没有神。我现在不是神,所以也就没有神。在动物性和人性上,尼采张扬的是动物性,所以他的价值观,就是生命的价值观,尼采讲超人的时候,超人就是那种身体健康、意志坚强,像一头雄狮一样能够承担责任,承担一种使命,又像孩子一样,有一种非常纯净的心灵,他说这就是超人,尼采把三个都解构掉了,没有神、动物性,生命才是最重要的东西,这就是我说的第一种压抑。

第一个是客观对主观的压抑,第二个是理性对感性的压抑,第三个是人性对动物性的压抑,三重压抑,这个压抑是哲学性的东西。

客观对主观的压抑,我们在哲学里面强调客观的东西是怎么回事,意识的东西是怎么回事。客观决定主观,那客观是怎么回事?我们一般说客观的时候,说它是绝对的、永恒的、无限的,不以人的意志为转移。其实它是一个神的功能,神所有的,客观的属性都有,不管你认识不认识都存在,如果你真要认识它,你可以认识,还可以对话,这不就是神吗?实际上这是把神的功能自然神化了。你说世界是物质的,你敢说物质世界是谁创造的?不又回到宗教那里了?你不能提这个问题,只能是相信。

我问一个问题,大家可能很难回答,长风大桥存在吗? 存在。为什么存在? 我刚从那里过来。但是任何奇迹都可能发生,你凭什么就说在呢? 你再过去看,在呢,我又看了一遍,这是主观的看法,客观的呢? 我再问,遥远的地方有一颗星星吗? 你看不见,你也不可能再过去看,这就是靠相信。如果它在的话,它就在;如果它不在的话,它就不在,这就是客观的。而且物质世界是本原的、本来的,一到"本来"这个地方就不讲理,你相信就行,所以你们注意客观的这个东西对主观的压抑,所以说自然神话的东西对人的主观造成了一种压抑。

事实上,我们所说的世界都是我们能够感知的,想象的,甚至用我们的理性思维建构的模型,谁能逃脱这个? 如果一个大哲学家建构了一个逻辑模型,我们在这个模型里面思考,那么真正的世界是什么? 世界究竟是什么? 这个可以向往,但不能说谁在这方面就掌握了绝对真理。要不唯物主义和唯心主义怎么就要作为哲学基本派别,贯彻哲学发展始终呢? 也许,哲学的智慧,就是在这无解的争论中得到提升。

我觉得人和世界的关系就像胎儿和母亲的关系一样,就是你对母亲永远充满了感情,但是你在母腹中,你能跳出母腹来看这个世界? 那不可能,因为你在母腹里面。客观的绝对性和主观的相对性,就是造成客观对主观的压抑。

第二个是理性对感性的压抑,我们去认知这个世界,有感性、理性,还有知性,如果我们再加一个灵性呢? 我们就只讲感性和理性,简化了。可以,我们在哲学里面更多觉得感性是表面的,是有可能虚幻的,是不可靠的,必须经过理性的加工才能得到真理,这样的话,造成我们对自己感性的东西,产生一种疑问,虽然我们有时候也需要靠感官来进行简单的社会生活,但是我们总觉得感官受到了限制。

感官的限制,往往是人的感觉器官,也就是人所感觉的世界,永远是受人的感官影响和限制的世界,我们用眼睛来看这个世界,我们的感官肯定是有限的。刚才我听见远处一个小孩哭,由此联想到我的孙子现在七个月,也是那种哭声,我感觉人的生命其实非常奇妙,刚生下来像个虫子一样蜷曲,慢慢地眼睛开始看,然后会转头了,看这边看那边;

然后能翻身了，又能看地下了，人爬动的时候又能产生位移。生命的成长过程，其实就是人的自由发展过程，譬如视觉的发展。人成长到什么程度，感官就成长到一定程度，能跑的时候看得自然就多，能登山的时候，可能看得更高。坐飞机冲向云层，你看到的真是一个类似神仙的世界。所以，你的感觉能力跟生命力是成正比的，对于一个有旺盛生命力的人，或者处在生命力最旺盛阶段的人，其感知能力也是最大的。然后生命力慢慢衰弱了，眼睛渐渐花了，然后颈椎也可能出问题，不能随便转动了。我们人就是这样，关键是我们有没有足够的勇气去承认？人就是有限的，受感官的限制。人只有两只眼睛，还是向前看的，如果我们到处都有眼睛的话，我们看到的世界，肯定不是现在这个世界，是不是？这就是我们身体结构的问题，所以我们看到的这个世界就是这样。我们好像依靠理性就能分析出真理，感性就不行，这样可能夸大了理性，忽视了感性。生活中我们的许多判断也是需要感情基础的，比如信任、爱、血缘等，这些也直接影响着我们之间的关系和判断。

主观与感官是相联系的。感情是在感官基础上产生的，感官接触得多了，产生的那个东西就是情，如果没有感官的接触，就很难有感情。如果一对双胞胎，给别人一个，另外一个自己养着，给人的那个就不亲，为什么？没有感官感受的过程，没有陪着孩子成长，其实是不行的，所以这也造就了我们智商比较高，情商比较低，我们的教育应注意适当调整，培养学生努力钻研知识的同时，提高学生的情商亦很重要。

第三个是人性对动物性的压抑，尤其是对人自身动物性的压抑。人本来就是动物，但是人向来鄙视自己的动物性，掩藏自己的动物性，而表现、张扬自己的人性。这个来源于什么？我们经常说"人格"，人一般站在什么之间？一般站在神和动物之间，所以我们说"一半是天使，一半是野兽"，很多人认为人是理性的动物，认为人就是能思考、会说话、会制造工具，这些组成了人类最基本的特征，人有的很多东西动物没有，如果动物有，那简直不可思议。

我们现在看国外拍的动物世界，发现我们对动物越来越了解，动物和人越来越亲近，联系越来越紧密。你说动物的吼叫算不算说话？你听不懂动物的话，就认为动物不说话？狼看见了猎物，一吼叫，周围的狼都来了，那不就是说话吗？你听不懂，就认为动物没有语言。狼是有语言交流的，这个语言不一定光有声音，你怎么就说它没有语言？你说动物不会劳动？猴子也会拿细软的树枝去钓蚂蚁吃，黑猩猩也会一起合作把东西拿过来吃，再给黑猩猩几百万年，很难说它不会再进化？动物也在成长、也在进化、也有感情、也在动脑筋学习，不然它们怎么能生存？狼、大象等动物，它们都有大脑，都会思维和判断，只不过他们的大脑小一点，没有人聪明，我看人也未必比动物聪明多少，你看动物跑的时候从来是直线，两点之间直线最短，其实动物世界给我们很多的启示，人有时候还需要放下身段，向动物学习和致敬。仿生学，不是跟动物学的吗？还有，动物的很多优良品质，最后都让人在进化当中消失掉了，小孩一生下来就会游泳的，但是现在有的上了大学才开游泳课，人本来就能，怎么把本能都丢了呢？究竟是进化得优秀还是不优秀？你可以坐潜艇，反正一到水里面，你把人的本能就丢了。

有个镜头很感人：斑马在奔跑的过程中，迎面正好碰到一群狮子。斑马立马排成一个V字形阵势，第一个是斑马王、外围是公斑马、里层是母斑马、中心是小斑马。你看看，这架势人能做到吗？

我在大学任教时一开始教哲学，后来教美学，之后写了《尼采传》，他是用非理性来反对理性；再之后写了《笛卡尔》，笛卡尔是张扬理性的；后又编著了《解析死亡》。通过写书我对生命的理解有很多感触，包括我收集的很多资料，有时候可能是一些片段，但是书里面我写的是一个体系性的东西。在写的过程当中，我感觉到生命尊严和人的尊严问题，有些动物的尊严，如果是动物自己造成的，咱们管不了，你看狼和狼之间，狼也在"狼格"上羞辱别的狼。所以我就想到了人的残忍性，其实人是有这种残忍性的，生来就有。

基督教一直对堕胎是充满争议的，我也很奇怪，人怎么就成一个人了？怎么就受法律保护了？在肚子里就不受法律保护，生出来就是人。我们在什么时候就是人了？在腹中的胎儿算不算人？如果不算人，算不算生命？这不是很尴尬吗？

妇女的地位，其实和她的子宫地位是有一定联系的，妇女解放，不在于让妇女像男人一样冲向社会、干男人的活，而是承认妇女的生理特点，承认家庭教育的价值，承认繁衍后代的价值、家庭劳动的价值，才能真正提高妇女的地位。所以我们说家庭教育也是生产力，家庭劳动也是生产力，这样妇女才能有尊严地享受尊重。

我是从大学任教后转入中学当校长，大家知道现在校园欺凌事件很多，现在叫"霸凌事件"。这个事件的发生，都会引起我们教育工作者的反省。当然你从道德上可以谴责，甚至可以从法律上制裁，但你无法制止。我们在思考这类事件发生的原因之时，要站在制造这些事件者的立场，这样，才能从根源上杜绝这类事件的发生。

二、教育中的生命困惑与缺失

教育中有一个共识，我们在座有孩子的家长，尤其初中的孩子家长，学习究竟是什么？你像国外，欧洲人为什么活得那么悠闲自在？因为欧洲高考就没有压力，而且欧洲人的就业面非常广，不像咱们中国人，中国人的社会就存在一个不平等，存在一个激烈的竞争，通过竞争，都想让自己的孩子从事所谓高等的职业，老人告诉孩子，好好学，不好好学将来卖菜去。我们今天的教育，就成了实现未来人生理想的一个阶段。我们说"吃得苦中苦，方为人上人"，认为今天是为未来投资，为了未来我们必须牺牲现在生命成长中的需要，尽管这个未来还是那么不确定。这是我们中国的现实。

如果孩子处在青春期，他们的生活应该是丰富多彩的，学习只是生活的一部分，学习是获得美好青春生活的有机部分，学习是为了快乐，让青春丰富多彩，让生命更健康快乐，如果是这样的话，学习就是一个手段，是获得生命健康成长的一个手段，一个要素，你取哪一个？大家都觉得第二个对，都觉得第一个必须做，尤其是家长，逼得没有办法，这就是一种两难选择。

我现在再把基础教育中的几个问题讲一下，一个是孩子们的体质成问题，你看现在中学生个儿都高，我是怀疑这个高，是因为他们和鸡吃的一样的东西,鸡吃了激素,你又吃了鸡肉,孩子的骨头很疏松,摔一跤骨折了,体质很差。我们学校每年的入学典礼40分钟,我站在那儿直直的,还要讲话,从小学来的初一学生,总有几个孩子就倒下去了,所以我非常担心中国孩子的体质,体质不好,你干什么能干好?所以,学生体质强健很重要。

再说学习过程。每天从早到晚上那么多课,回到家还要做那么多作业。我经常听老师的课,听得真瞌睡,我们有些孩子学习本身不太好,纯粹为了爸爸妈妈学习,听不懂啊,他还不能说话,坐在那儿还不能睡觉,真是一种折磨和煎熬,我们学校的老师应该把考研的一部分精力用于提高学生的学习兴趣上来,怎样使学生融入课堂教学的氛围中,这是我们共同努力的方向。

人生有很多事情是需要面对的,不在学校面对,就得到社会上面对。我们现在所谓的欣赏、激励的教育方式,其实是对问题的逃避和隐瞒。说得严重点,就是一种"捧杀"。不管怎么样都说"你真棒",我们根本没有勇气让孩子认识到你不棒,你可能做什么就更好。大家觉得那是激励,我倒没有觉得,我们有没有勇气说,孩子,这个地方你做得不好,由于你的身体素质,可能你一辈子都做不好,不怕,咱们放弃这个,咱们再做另一个,好不好?帮助孩子认识他自己,他的优势在哪里,他的弱点在哪里,克服你的弱点,发扬你的强项,为什么非得让你的孩子们撞到南墙不回头呢?为什么我们不能用一种智慧和经验帮助孩子认识自己?每个孩子的身体素质不一样,天赋也不一样,他可能数学好,其他课不好,当然也可能有多种不同的个体差异。

我经常打我的比方,我就这身材,如果我在小学的时候,老师总让我树立当世界跳高冠军的理想,我奋斗一辈子,我这身材能是跳高冠军?最后把我的其他职业都耽误了。但是我可以当举重冠军,我觉得我们的教育应该让孩子更好地认识自己。

教育其实就是把成年人的智慧和青年人的激情结合起来,成年人要把你的智慧教给孩子,其实当努力和天赋、个性、机会结合起来,才有可能成功,包括健壮的身体、顽强的意志。

我们教育学生要尊重每一个人,尊重每一份职业,在我们骨子里面要尊重。孩子说想当木匠,为什么不能当木匠?有一次我在火葬场看到一个吹唢呐的孩子,看年龄也就初中刚毕业,他现在所做的不也是很有意义吗?所以我们要尊重各行各业。

还有男女性别的问题,孩子在中学阶段性别教育已经开始了,但家庭教育在这方面往往有缺失,我们学校教育慢慢要让他认识到男孩和女孩的区别,男孩和女孩的角色,我们对男孩和女孩的认定,我们应该有这个教育。所以我们学校专门有一课就是讲男孩与女孩,我们要培养男孩子的阳刚之气,女孩子端庄娴雅之态,让他们在学校学到知识的同时,培养良好的气质。

三、生命与教育的关系

我先说生命,再说教育,然后说生命与教育的关系,最后说说我们学校是怎么做的。

大家跟着我一起想,我说到哪儿,大家就跟着我一起想。我觉得中国人很聪明,很多实质性的东西,都在文字里面能体现出来,那个文字的形状,就告诉了你这个世界的真理是什么。比如"爱"这个字,我们谈恋爱怎么谈?先是朋友,然后是心上的朋友,然后结婚,有了房子,这都是在家里,所以有房子很重要。不是女人贪财,而是女人要通过房子,来验证男人的能力。你看小鸟还得搭个窝,所以房子很重要,有了房子,就有了安居之所。但是你们往上看,爱字头上一把刀,这说明爱是充满风险的,甚至关乎生死的。

为什么我们骨子里面都喜欢《红高粱》里的那种爱?很野、很原始,但它很真挚。爱字有三个点,有人说象征汗水、血水、泪水。爱一个人就可能为之流泪,走西口的时候就哭,就唱,甚至为他(她)流血,愿意用生命来保护家庭,保护妻儿,这是汉字表现爱字的含义。你看爱情是不是说清楚了?中国现在汉字简化,把"心"也弄丢了。

以此类推,我再给大家说一下"生命"的"生"字,道家讲"一生二,二生三,三生万物",我们的"生",先有三界,天、地、人,人在中间,生命在中间，所以人注定是漂浮的，身体往下落，脚踏实地，思想是往上，渴望升华，渴望崇高，人不管怎么进化，男人女人是永远不变的，然后阴阳相合，就是一个家庭。然后你们看，在天地人之间，顶天立地的是什么？王者顶天立地，王者多一点是什么？主，这一点就是智慧，横生一刀，说明生命充满了风险，这就是道家的解释。你看"活"，生了就得活，怎么就活了？有水，有舌头，舌头是你的器官和本能，这是外在的营养，一个孩子生下来，总得吸奶吃，这两个缺一不可。所以本能有时候也很重要，什么叫本能？就是本来就能，根本不需要学。人类之初都是在依水而聚，说明人和水联系在一起，说明我们时刻离不开水，为什么离不开水？我们每个人都曾经在羊水里面泡着。但是这段经历谁能跟我说清楚？谁都在母腹中成长过，谁能介绍一下你在母腹当中的经历？你经历过的，你说不出来，但是这份经历对于人生是有影响的，而且每个环节最好不要人为干预。

人一旦出生，马上就会有不同的感受，最初的感受就是饥饿寒冷，所以佛教就是从这儿开始的，说人一生要忍受饥饿和寒冷，这是人生最基本的体验。但是生命是一条不归路，你回不去了，襁褓和母亲的怀抱也是半边热半边冷，你还得独立走，走起来空空荡荡、摇摇晃晃，很孤独、很空虚、很害怕，这就是你行走的最早感受。母亲代替不了你，你得一个人走。"前不见古人，后不见来者。念天地之悠悠，独怆然而涕下"，这是人生的大苦难，谁能不经历？走着走着有一个人来了，这就是"从"，有一个领头，然后就跟上了，再来一个人，"众"。

我们的人生转了一圈，最后回到土地母亲的"子宫"里，生活的本质就是，生下就要活，活着就要生。所谓生生不息，是我们一种生存的信心。

人生注定是一个过客，是一个流浪的状态。我最大的幸福，就是我要有一种归属感，我要有一种安全感，这个可能很重要。

因为时间关系，今天就讲到这了。匆匆忙忙、啰里啰唆、逻辑不畅、信口开河。大家多多批评指正。再次声明，我讲的只是我的一些感受和思考，不一定正确，说出来与大家交流，希望能与大家擦出思想的火花,引起大家对生命和教育的关注和思考。如果我们都关注教育的问题,大家一起讨论、一起行动,相信我们的教育会有进步的,相信我们在教育中会更加尊重和关注生命的。

谢谢大家!

第三辑　养生·养性

唇齿相依

——如何演绎美丽邂逅

刘名燕

九三学社社员，口腔医学博士、美国TUFTS牙医学院博士后、硕士生导师，山西医科大学口腔医院医务科主任、正畸科副主任。

我今天的讲座名字叫"唇齿相依"，我们不仅仅关注牙齿，还重视面部形态的美观，现在人们对美的需求越来越高。我们常常说"美女"有三庭五眼、四高三低的标准，医学上有美容线，拿指头从鼻尖到颏前点的最高点做连线，如果上嘴唇刚好碰到这条线，那么面型是正常的。如果上嘴唇超出去的，就是凸面型，往往蒙古人种都是这种面型，如果上嘴唇碰不到，就是凹面型，不管是凹面型还是凸面型，我们都会"凹凸有治"。

　　我叫刘名燕，是一名普通的口腔医生，我大概介绍一下我自己，从读大学、硕士到博士，我所有的求学经历都是在第四军医大学完成的，所以我曾经是一名军人，在2015年6月去TUFTS大学做公派访问学者，2016年9月回国，出国学习了一段时间，其间也去参加了一些美国的学习班，学习了国外同行的临床技术，还有他们的操作规范等等。有很多感触，介绍这么多，想要表达的意思之一就是想跟大家说，我们虽然是牙医，但是我们整个的求学经历、教育背景跟大医学是一样的，标准也是一样的，我们做了这么多年的临床，一直没有停止过学习的脚步，一路走来也非常辛苦，我爸的朋友有时候来了会被问女儿是做什么工作的，我爸会说是修牙的，我就提抗议，希望尊称我们为"医生——牙医"，牙医跟大医学是息息相关的。大家应该很清楚，牙医基本上是手工活，都是从牙缝里"抠钱"，我这个大拇指长期因为要拿钳子弯丝，练手上的技术活已经变形了，大家说牙医很挣钱，看牙太贵了，其实我们的知识成本也是很高的。

　　今天我们就看看牙齿，现在都提倡和谐，我这个题目叫"唇齿相依"，提倡的也是"颌谐"，牙齿、颌骨发育好了，面形才能好。我们看古人很有智慧，年龄的"龄"字就是由牙齿组成的，说明年龄跟牙齿息息相关，因为我们要用牙齿吃东西。再来说说牙齿，我们半岁之前没有牙，从半岁之后一直到去世，牙齿一直伴随着我们，如果牙齿掉了，我们还要用假牙，所以牙齿对我们很重要。

首先我想问大家一下，有没有人从来没有牙疼过？有没有牙龈不出血的？还有一个，大家都去洗牙吗？有没有这种行为习惯？牙齿有什么作用呢？第一个肯定是咀嚼；第二个是发音，我们都说"口齿不清""伶牙俐齿"，都跟牙齿相关；第三个，现在我们对美容要求高，我们如果把牙齿去掉了，美丽是不是打折扣了？那你能说牙齿不重要吗？大家都知道它的重要性，我们就开始今天的"牙齿之旅"。

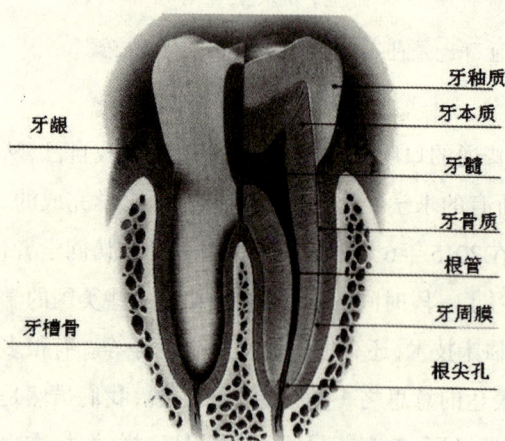

牙齿的结构

我们来认识一下牙齿，牙齿主要有这么三部分，第一个是牙体，也就是牙的身体，主要是最外层的牙釉质，它是最坚硬的，比骨头要硬；再往里那层是牙本质；在牙根的地方是牙骨质。牙的中间不是实心的，是空心的，里面充满了牙髓，牙齿的营养组织主要由它来供给，它怎么跟外界连接呢？这个地方有个根尖孔，牙根是放置在骨头里面的。

为牙病的控制和恢复口腔功能的治疗提供更为便利的条件

我们有牙周科，你有牙结石了，牙龈有出血，就挂牙周科；需要修牙的，就挂修复科；如果是有一些牙瘤，就看外科；种植的话就看种植科；治疗牙齿就挂牙体科；正畸科是解决牙齿排列不齐的问题，我就在正畸科。

我们看看胎儿时期需要注意的一些问题,胎儿期牙胚从第五周就要形成,一直到五个月的时候,牙胚就要形成和钙化,出生的时候,婴儿已经有了20颗乳牙的牙胚和15颗恒牙的牙胚。所以有人说这个孩子出生以后牙齿不好,需不需要补钙呢?其实在母体中,你就应该注意这个问题了,因为有的时候,在牙胚形成完毕之时,你再补维生素,就是做无用功了。

我们要预防孕妇母体的营养不良和疾病,母体有病了需要服药,会进入到婴儿体内;还有就是孕妇受了外伤,拍X片的时候,射线对胎儿牙胚有影响,牙胚就会停止生长发育,那么在出生以后,婴儿的牙齿就长不出来;还要强调孕妇不要喝酒,喝酒很容易对胎儿造成酒精胚胎病;对于胎儿来说,如果宫内内压过大,还有一些代谢的问题,都会造成牙齿的问题。

我们如何给孩子一口好牙呢?大家知道,从半岁开始,孩子就长牙了,从6个月先长下面的两个牙,到了9个月就长上面的4颗牙,到了12个月长侧牙,到18个月长磨牙,然后长虎牙,到两岁半的时候,牙齿全部都能长出来。我们从中间这颗牙往两侧数,一侧5颗牙,分为四个象限的话,就是20颗牙。6岁的时候,他会长出一颗六龄牙,这颗牙是不会换的。孩子换牙要一直到12岁,孩子的牙齿参差不齐,是一个丑小鸭阶段,这是一个过程。有一些牙齿错乱,不整齐,难看,除非一些特殊情况,我们基本上不要有太多的担心。这个六龄牙是不替换的,在这个年龄,一定要让孩子好好咀嚼东西,刺激他的颌骨发育,否则的话他的牙

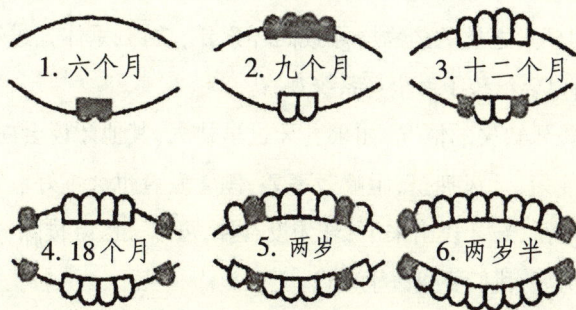

1. 六个月　　2. 九个月　　3. 十二个月

4. 18个月　　5. 两岁　　6. 两岁半

齿会排列不整齐。

　　如果出现虫牙也要给孩子好好治疗，其主要的病因，第一个是食物；第二个是食物上有细菌；第三个是细菌附着在了牙齿上。这个是龋病的发展过程，它会慢慢使牙齿坏死，发展到根尖。我们要让孩子用氟化物，还有一个就是去补牙，给孩子把腐烂的组织去掉，一定要去干净，强调定期的口腔检查，合理的饮食。还有就是6岁之前，家长一定要帮孩子好好刷牙，言传身教也是非常重要的。有人问能不能让孩子吃甜食？可以这样做，比如孩子爱吃糖，一定要少吃多量，不要一天一颗糖，你可以周一到周六不要吃，周日多吃几颗，然后去刷牙。如果有适龄儿童，需要窝沟封闭的话，这个项目是国家支持的，不需要花钱的，而且操作不难也不疼，给牙齿酸蚀一下，然后冲净吹干，涂封闭剂就可以。

　　再讲一下口腔不良习惯，比如孩子有吐舌的习惯，正常情况下孩子的舌头应该是随着吞咽动作向后的，有的孩子舌头位置不对，始终在两个牙齿之间放着，造成牙齿上下咬不住或有间隙；此外有的小孩吃手，儿童到了4岁之后，这种习惯就要改，改不掉的话就要看看是否有心理因素，是否缺少关爱，要进行心理上的调整。吃手指有两种方式，一个是吸拇指，拇指会有一个力量推上前牙前伸，会造成上颌前突，形成龅牙，或者形成"地包天"的面型；还有一个是吃食指，这样会压迫下颌后缩。还有舔牙、咬嘴唇、咬下唇等等都会形成一个比较明显的错颌畸形。

　　牙齿一侧有虫牙，孩子就会习惯性地用健侧吃东西，结果形成面型不对称；还有喜欢咬铅笔头、睡眠喜欢侧卧等习惯都会造成面型不对称；服用四环素之类的药物会导致四环素牙，缺钙、垂体亢进等也会影响牙齿，所以要给孩子做全身系统观察。

　　再讲乳牙缺失的情况，如果乳牙过早缺失，其他牙齿会向前移动，牙弓长度变短，牙齿拥挤，咀嚼效率差，颌骨发育也会不好。还有一些儿童乳牙滞留，新牙长出来了，乳牙没有掉，可以去医院拔除，如果先天性地缺失恒牙，我们要找医生确诊。

　　人类正常呼吸是用鼻呼吸，但是有的孩子气道不通畅，就张嘴呼

吸,我重点讲一下以便引
起重视,认识它的危害。
首先有可能是扁桃体肥
大,或者有鼻炎,鼻子有
各种问题之后,呼吸道会
有问题。鼻呼吸的好处
主要是产生一氧化碳以

口呼吸侧貌

鼻呼吸侧貌

后,能抗血栓。孩子患有扁桃体炎和口呼吸的症状是双向的,你没有经过鼻子过滤,会带到口腔很多病菌,刺激口腔黏膜。我们再来看看对面型的影响,一群孩子里面,其实很容易就可以发现鼻呼吸的孩子,他的表情是不一样的,我们医学上有一个"腺样体面容",这样的面部表情会比较呆板,上唇较短。再一个,虫牙多,牙龈红肿,而且嘴唇非常干,还有就是上唇的发育过度,有露龈笑,非常难看的面型。还有就是孩子打鼾,也会引起偏头痛,诱发肩颈痛。如果孩子晚上没睡好,白天会嗜睡,就容易出现多动症,这样的结果可能导致老师总是批评孩子,家长或许不明白原因,其实这是口呼吸引起的,家长一定要关注。

接下来我们讲青少年期的问题,这个阶段牙齿已经全部替换完,看看各种作用牙齿的比例,我们知道老虎是肉食动物,所以长着虎牙,人类有没有虎牙?人类有4颗虎牙,在整个口腔的32颗牙中,占的比例大概是12.5%,所以和我们吃多少肉是符合的;我们再看看臼牙,是研磨食物的,有20颗,在32颗牙中的比例,大概占到62%,营养学家要求我们进食谷类食物占到62%,也是非常合理的。青少年时期大家关注的是牙齿错乱的问题,有拥挤、颌骨前突等等。不整齐的原因呢,第一个是牙量和骨量不协调。如果你想让孩子发育得好,必须要有咀嚼刺激。使颌骨发育正常,牙量不够,就会有牙齿稀疏的情况。还有就是颌骨大小的不协调,这个跟遗传因素是有关系的,比如法国的菲利浦画像,他们家族的脸型非常长,一直到四世,跟二世的面型是一样的,充分说明是遗传的。

远古人的头颅颌骨非常发达,随着食物的精细化,颌骨在退化,但牙齿退化是最慢的,所以现在我们牙量和骨量就会不协调。现在来说,不管你是年龄大还是年龄小,只要牙周健康,都可以做矫正;成年人能不能进行正畸治疗? 这个是没有年龄限制的,都可以做矫正。包括做正畸的北京大学医学部的傅民魁教授,70多岁了,他还给自己矫正牙。

我今天的讲座名字叫"唇齿相依",我们不仅仅关注牙齿,还重视面部形态的美观,现在人们对美的需求越来越高。我们常常说"美女"有三庭五眼、四高三低的标准,医学上有美容线,拿指头从鼻尖到颏前点的最高点做连线,如果上嘴唇刚好碰到这条线,那么面型是正常的。如果上嘴唇超出去的,就是凸面型,往往蒙古人种都是这种面型,如果上嘴唇碰不到,就是凹面型,不管是凹面型还是凸面型,我们都会"凹凸有治"。

通过一些牙齿正畸的实际案例,发现治疗前后的变化,就像换了一个人,会变得漂亮了很多,像做了一个整形手术,这确实是正畸医生能够做到的。

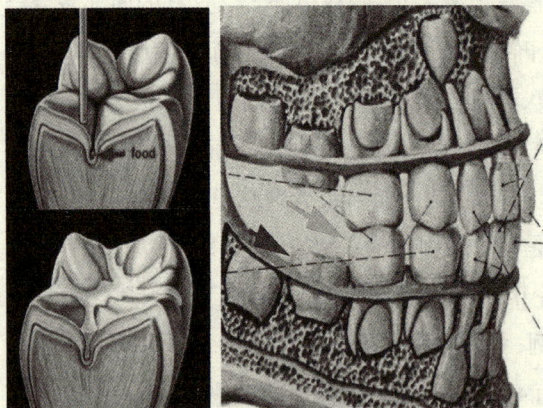

根据口腔流行病学调查,我国青少年90%以上的龋发生在窝沟部位

国内对牙齿的重视程度不如国外。在国外,人们认为牙齿比面子重要,我在美国待了一年多,牙科的医疗保险是不包括在大医疗保险里面的,是单独的一个牙科保险,而且看牙的费用也非常贵,他们宣教做得好,人人都有爱牙护齿的理念,定期半年去洁牙,孩子需要做窝沟封闭的时候去做窝沟封闭,需要做检查的时候去做检查,医从性很好。我给学生讲课常说,你们应该经常去幼儿园给孩子做口腔宣教,不管孩子能不能听懂,是要从小培养孩子的爱牙意识,这个决定孩子成人之后的行为模式,包括他们成家以后,家庭里面的医疗模式,所以改变观念,一定要从孩子开始。

我们现在更愿意去做一些大众宣教，所以今天能来大讲堂，我觉得非常高兴，想把口腔知识普及到更多的人群。牙齿的好坏跟国家的文明进步息息相关，这代表了一个国家的文明程度。

先讲讲怀孕期有哪些注意的问题呢？怀孕前最好看看牙周有没有问题，怀孕时期有一些病菌对胎儿有影响，所以一定要洗洗牙，孕妇往往要吃一些有营养的东西，病菌的黏性也比较高，如果你不注意口腔卫生，就很容易发生牙龈炎，牙周出血非常厉害。还有就是牙龈肿胀增生。不赞成大家怀孕期吃药。还有孕期的激素水平分泌有变化。我们18岁之后长出的牙齿叫作智齿，它应该说是人类退化的牙齿，如果你没有智齿，恭喜你进化得非常好。大部分人来说智齿位置不好，万一在怀孕期间有了冠周炎，药也不能吃，牙不能拔，只能硬忍，容易导致流产。

再讲一下中老年期牙齿的保护：大家知道爱牙日是什么时候吗？国家提倡重视牙齿，特意把9月20号定为全国爱牙日。在这天我们会做大型的义诊宣传活动，希望大家一起关注。国家提出"8020"，这是一个口腔健康的目标，什么是"8020"呢？就是在80岁的时候，我们争取最少有20颗自己的牙齿。老话说"老掉牙"，其实这个观点是错的，牙齿不是老掉的，老了不一定非要掉牙，牙齿是因为生病而掉落的。

我们一生中天天在吃饭，一年365天，一天吃三次饭，那么一定要去关爱牙齿。老年以后如果牙齿脱落，就会形成苍老的面型。如果牙齿好，唇部的形态就好，显年轻又利于健康。中国又是讲究吃的国度，见面打招呼都会说"吃了没有"，公务员说是"吃皇粮的"，累得不行就是

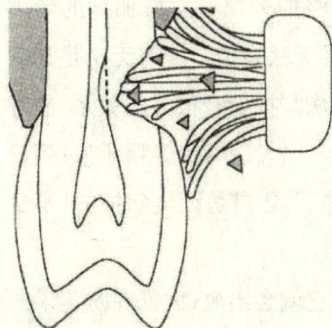

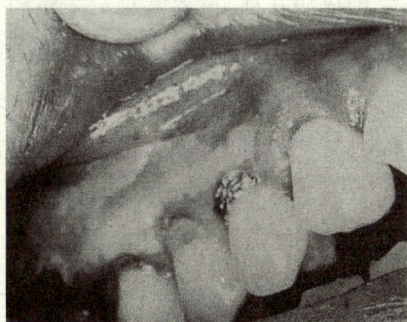

楔状缺损

"吃不消了"，称调戏人叫"吃豆腐"，产生忌妒情绪叫"吃醋"，还有"咬牙切齿"，如果牙都没有了，还能干什么呢？ 老年人存在的口腔问题有哪些？ 一是龋齿，老年人更容易得龋齿，因为唾液分泌少了，牙齿自我清洁能力下降，还有牙周围的组织会有生理性、病理性的萎缩，更增加患龋的概率。患龋之后要不要看呢？ 老百姓经常不去看，其实小洞不补大洞受罪，我们说刚开始牙疼能忍着，实在不行吃点儿下火药，疼得无法忍受了，只好去看牙医了，最好不要跟牙齿做斗争，否则是其苦无穷的。为什么会牙疼呢？ 因为牙齿中间是空心的，里面有血管神经、淋巴，牙髓一发炎就会水肿，里面的压力会增高，尤其在夜间我们一躺下，颅内压增高以后会疼得厉害；第二个是楔状缺损，这是刷牙刷出来的，水滴石穿，牙刷刷毛是有韧性的，长期不懈可以把你的牙齿刷断，所以你的刷牙方法要得当，要学会怎么刷。如果楔状缺损很深，会有过敏现象，建议找医生把它补起来，否则的话牙龈会萎缩得越来越厉害。我现在教大家刷牙的方法，拿起牙刷以后，把牙刷放在牙肉和牙齿的交界处，呈45度角往下刷，不要横着刷，楔状缺损就是横着刷，就跟女同志梳头一样，不得是顺着头发来梳吗？ 牙齿也一样，还有就是刷下面牙的时候从下往上来提拉，还是竖着。再一个，刷牙不要用太大的力量，把牙齿表面附着的软垢刷干净就可以了，对牙齿友好一些；第三是牙周炎，反复发作的牙周炎是老年人牙齿脱落的主要原因，有人说年龄大了，牙齿变长了，它不是长长了，而是什么？ 是牙齿周围的组织萎缩了，一部分牙齿就露出来了，形成头重脚轻的感觉，也不好看。牙周病跟心血管病、糖尿病并称"世界常见三大疾病"，90%的人都有这样那样的牙周病，所以我们要定期去看牙医，牙周病往往无法自愈。还有无论是临床研究还是流行病学的研究，都发现跟牙周病与抽烟有很大的关系，最好要戒烟。牙周病的危害一是发病率高；再一个，常累及多颗牙齿；第三个，是造成牙齿脱落的主要凶手。刚才讲了，牙齿是因生病掉的，不是老掉的。

　　牙周病刚开始轻度的是牙龈有炎症，它就会出血，大家在吃苹果的时候，能看到果肉上留有血印，这就是一个牙龈炎的表现，这是比较轻

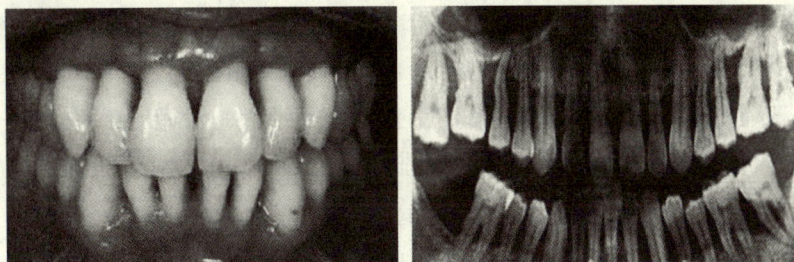

反复发作的牙周炎是老年人牙齿脱落的主要原因

的症状,接下来牙龈萎缩,牙槽骨吸收,牙齿造成松动、脱落。牙周病人人都要警觉和重视。

牙周病的元凶是什么呢?就是牙结石。我们都知道,水壶用的时间长了会有水垢,其实牙结石的形成也是一样的原理,我们的口腔在吃饭喝水时,会分泌很多唾液,自然就会有沉积,沉积在牙齿之上,时间一长它就是硬组织,矿化了,从而压迫牙龈,因为牙龈是软的,因为牙垢里还有致病菌,牙槽骨也会吸收。有人说我去洗牙,洗完以后很不舒服,牙缝也宽了,牙龈也过敏了,其实这是因为洗牙洗晚了,就像平时收拾家,也不觉得累,如果一年干一次,自然累得腰酸背疼,如果定期经常洗洗牙,牙就不会有那种情况了。此外,超声波不会对牙齿表面有影响,大家不要对洗牙有误解,应该定期半年去找牙医洗一次。

牙齿缺失的话,自然而然就会消化不良,导致口腔疾病的发病率增加,再一个,其他牙也会产生移位。牙齿移位以后,咬合力也不好,就会引起机体的衰老。

还有就是看看有没有口臭的问题,特别是有一些重大的疾病,往往表现的是口腔异味,糖尿病的病人也会经常口腔异味,还有一些胃的问题,胃病有时候是幽门螺杆菌引起的,所以要注意口腔的卫生。

老年口腔疾病增多的原因跟唾液的流量、质量的改变有关系,出现牙龈增龄性萎缩,还有65岁以上的老人经常会有骨质疏松,对牙齿是不利的,也容易脱落。

口腔疾病首先危及心脏,牙周病对心脏的危害性比健康者要高出一倍多,在心肌梗死的患者当中,其牙周情况往往是不好的,刚才讲了牙周炎的产生,它都是一些细菌在口腔里面,大概正常的口腔里面有500个细菌,牙周病患者可以达到10万多个,细菌里面有一些致病因子,而且牙周长期受刺激,就像我们手上有一个伤口没做治疗一样,这种含有细菌的血液会运转到全身,到了心脏这个地方有抗凝素,对心脏的危害特别大。还有就是引起中风,牙周病里面有一种酶,会引起中风。牙周病对肺部也有影响,也会导致肺炎。大家都知道糖尿病患者一定是有牙周炎的,这个关系是一定的,特别是胰岛素依赖型的糖尿病患者,如果不把牙周病控制好,血糖一定是很难控制的,所以我们必须有效进行牙周病的控制,这样才能很好地治疗糖尿病。

我们一定要坚持刷牙,尤其是睡觉前;对于牙刷的选择,要选择刷头圆钝的牙刷,刷毛要软的,刷毛不要太多,一般不超过三排。再一个,含氟的牙膏要比较好,定期三个月更换牙刷,尤其是病愈之后。

还要勤漱口,古人用茶漱口,用淡盐水漱口,或者嚼一些茶叶也是不错的。现代有了各式各样的漱口水,建议三餐之后可以漱口,漱口时间不要太长,稍微漱一下就吐掉,最好让口腔里面存留5%的牙膏。有时间就经常按摩牙龈。还应该有一个好的习惯——咽唾液,我们看"活"字的构成,怎么就能"活"下去?舌头不要离了水,舌头边上的水,指的就是唾液,有了唾液我们才能活。唾液里面有13种消化酶、11种矿物质、9种维生素,以及多种有机酸、激素等有效成分,有抗氧化和抗肿瘤的作用。动物有了伤口之后,它是拿舌头来舔伤口的,所以唾液有很高的愈合能力,我们吃饭的时候,一定要细嚼慢咽,嚼的时候会产生唾液,唾液跟食物充分融合之后会形成食糜,可以减轻消化器官的负担,使营养更好地吸收,所以唾液很重要。

那么咀嚼频率多少合适呢?专家表明咀嚼30秒可以让致癌物质降低。我们吃东西大概咀嚼一下是一秒,也就是在嘴里来回咀嚼30次,这个时候就能充分发挥唾液的作用。日本的营养学家做过研究,他们发现唾液的这种抗癌能力之后,把许多癌症治疗的希望也都寄托于此。还要经常叩齿,一是锻炼面部肌肉,另一个可以防止耳鸣,所以每天两三次,每次一百下左右。大家没事的时候搓搓嘴唇,这个也是改善口腔和牙龈血液循环,可以增加牙齿的抵抗能力。还有鼓腮,面部经常鼓起来可以防止面部肌肉衰老。

接下来谈口腔疾病的治疗,通常我们在老年阶段缺牙就需要镶牙。有三种镶牙的方式,一个是安装活动假牙,自己可

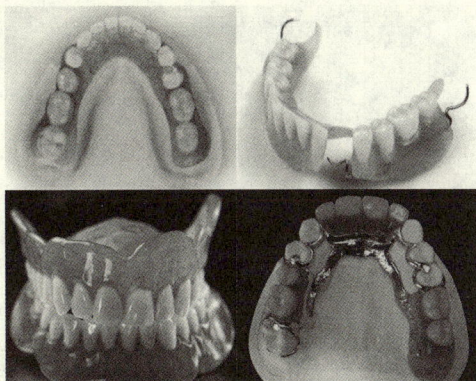

活动假牙

以摘下来和戴上去,方便清洁。但是对邻牙有损伤,容易造成邻牙的松动,价格相对便宜一些;第二个镶牙的方式,就是烤瓷牙,它的缺点是什么呢?你本来坏了一颗牙,但是要做三颗,而且做烤瓷的时候,把牙要磨小,这是不可逆的治疗,而且做烤瓷牙几年之后,牙周组织会有萎缩,造成形态边缘不密合,会有牙齿龋坏,但短时间内美观性、功能性是没问题的;第三种镶牙方法,就是种植牙,大家这几年也听说得不少,你缺

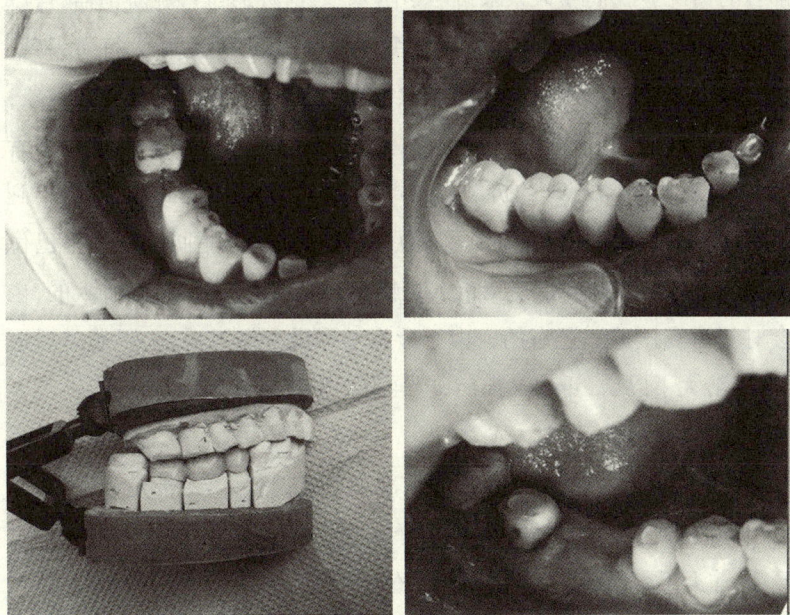

固定义齿——烤瓷桥

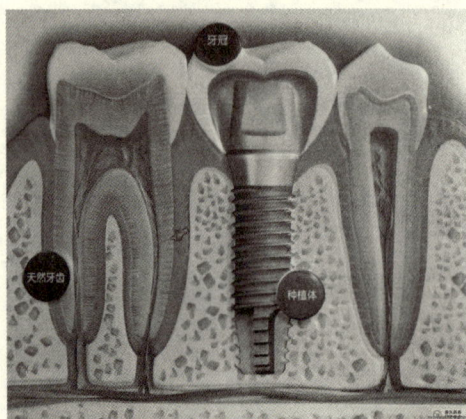
种植义齿

哪个牙,把哪个牙里面打一个桩子,等它跟牙槽骨融合以后,我们再来给它上面放一颗假牙,所以这是非常好的一个方法。缺点就是价格贵,大家都觉得假牙贵,如果我们平常多注意的话,就等于在省钱,有专家说我们满嘴的牙齿值60万,平均每颗值2万。

年龄大了以后,有些人有打鼾现象,甚至是"呼吸睡眠暂停综合征",打鼾是什么状态?听他们憋着气你都替他们担心,感觉就上不来气了,严重者能把自己憋醒,非常难受。我们了解一下呼吸睡眠暂停综合征。它有三种类型,一个是阻塞型;第二个是中枢型的,就是器质发生了病变,这个不在今天的讨论范围之内;还有混合型,就是前面两者都有的情况。我们今天只来讲一下阻塞型,这种通过口腔矫治器,可以改善呼吸功能,它没有器质性的改变。其临床表现,是睡觉打鼾,打鼾后上不来气,呼吸暂停,患者经常会憋醒,脑缺氧,晨起有头痛的现象,白天精神不集中,长期恶性循环,就会有焦虑、抑郁的情况,失眠的患者往往有抑郁症,对心理的折磨是很严重的,没有这个病的人,体会不到这种痛处。年龄大的肥胖人群,面部软组织下垂,脂肪堆积在下巴位置,自然而然会压迫气道,有的人患慢性扁桃体炎,扁桃体是肿大的,也会对气道有压迫。还有的人由于牙齿畸形没有做过矫正,下颌是后退的,年龄大了以后,舌体又向后,也会阻塞气道,所以我们会建议这类人把睡觉体位改变一下。

呼吸睡眠暂停综合征治疗的方法主要有三种,第一种是戴面具,可以维持他的通气,但是人会感觉不舒服;第二种是做手术,大家肯定不愿意,除非万不得已;第三种是戴口腔矫治器,尝试性地来做一个治疗,基本上就是把上气道的组织向外牵拉,使睡眠中上气道狭窄的情况减轻。

我们拿 X 片来看是最直观的, 没戴之前, 患者的气道这部分是不清晰的, 看不清, 戴上矫治器之后, 整个下颌向前以后, 气道宽度增宽了。

临床接诊一位患者, 体型肥胖, 伴呼吸睡眠暂停综合征, 戴上口腔矫治器之后, 他的气道宽度明显增宽了, 效果非常好。这种办法对于患者来说, 一是费用不太高; 再一个, 戴上如果不舒服, 或者没有效果的话, 摘掉不戴就可以。当然还需要患者配合减肥, 睡觉前不要饮酒, 否则整个人体是松弛状态的话, 下颌肌肉也会压迫气道。

今天给各位讲了这么多, 小结一下爱牙护齿的方法: 第一, 不要把牙齿当工具, 当起瓶器; 第二, 不要吃太多高糖的食物; 第三, 刷牙不要太用力; 第四, 睡前一定要刷牙; 第五, 每半年一定要去洗牙; 第六, 刷牙以后漱口不要太多, 让牙膏多留一会儿; 第七, 吃口香糖; 第八, 叩齿。

再就是, 我们不要用牙签, 中国的饭店桌子上都摆有牙签, 你去国外, 见过桌子上摆牙签的吗? 都没有, 老外会自己从包里掏出来牙线, 去卫生间对着镜子剔。牙签对牙齿有刺激性。大家以后尽量不要用牙签。用牙线去除牙菌斑, 这是一个最有效的办法, 但要注意, 牙线往下拉的时候, 不要离牙龈太近。

下面强调一下, 做超声洁治, 这个是必需的, 就像我们洗澡一样, 有的人老问我, 用不用洗牙, 就好像问我用不用洗澡, 你也不要期望洗牙能把牙齿洗白, 洗牙只是把牙齿表面的脏东西去掉, 它除了维护牙周, 起不到任何其他作用。所以要想牙齿美白, 可以用冷光美白等方法, 洗牙就是一个基础保健, 就是为了讲卫生。

最后提醒大家几点, 小洞不补大洞吃苦, 如果有牙洞的话, 补得越早越好; 感到牙疼一定要尽早去看。每年定期去口腔科做检查, 两年去拍一个 X 片, 看看有没有牙槽骨方面的问题。

做到以上几点以后, 相信到 80 岁, 你留的不只是 20 颗牙齿, 也不会"老掉牙"。

总的来说, 我们口腔科虽然是一个很小的学科, 但是我们很愿意成为大家的口腔卫士, 也希望大家通过今天的讲座, 能够做到爱牙护牙, 祝愿各位能够"得到牙齿心, 白首不分离"。

读《黄帝内经》，谈中医养生

杨硕平

九三学社山西省委员会常委、大同市委员会主委、大同市政协副主席。大同大学医学院院长、中医学教授、硕士研究生导师，中国中药学会儿科分会常委，全国中医药高等教育研究会儿科分会副主任委员，中国中医药研究促进会综合儿科分会学术顾问、副秘书长，小儿外治与推拿学会副主任委员、山西省中医药学会中医儿科分会副主委、大同市中医药学会主委。

《黄帝内经》是现存最完整的中医著作,里面最重要的内容就是关于养生之道。大家都知道,养生现在是一个非常热门的话题,随着人们生活水平的提高,大家都希望能够健康长寿。我们看到现在有关养生的书卖得非常火,有关养生的讲座层出不穷,还有很多的保健品卖得也非常好,这些使我们大家感觉好像到了一个养生的阶段,但是大多数讲座和书籍讲的只是有关养生的具体方法,甚至有些是比较片面的,不符合养生最根本的道理。养生绝对不是单纯吃点儿补品,或者做什么运动,关于养生,我们可从中医的源头,从《黄帝内经》里面来寻找,来看看这部经典著作里面是怎么论述的。

今天非常高兴能和大家在这个开春季节,共同来温习中医最经典的著作《黄帝内经》,同时对社会上热门的养生之道来一个正本清源,看看中医经典是如何来论述养生之道的。

《黄帝内经》是现存最完整的中医著作,里面最重要的内容就是关于养生之道。大家都知道,养生现在是一个非常热门的话题,随着人们生活水平的提高,大家都希望能够健康长寿。我们看到现在有关养生的书卖得非常火,有关养生的讲座层出不穷,还有很多的保健品卖得也非常好,这些使我们大家感觉好像到了一个养生的阶段,但是大多数讲座和书籍讲的只是有关养生的具体方法,甚至有些是比较片面的,不符合养生最根本的道理。养生绝对不是单纯吃点儿补品或者做什么运动,关于养生,我们可从中医的源头,从《黄帝内经》里面来寻找,来看看这部经典著作里面是怎么论述的。

这本书可以说是中国最系统的中医经典之作。大约两千多年前,在秦汉时代,那时候是中国思想文化活跃的时期,诸子百家争鸣。这部书托名"黄帝",因为黄帝是中华民族的人文始祖,中华文明的记载就是从黄帝开始的,他也是最早探讨中国医学养生之道的古代先王,对他的记载,《黄帝内经》里面一开始就说"昔在黄帝,生而神灵,弱而能言,幼而徇齐，长而敦敏，成而登天"。

黄帝的发明非常多，首先是在医药方面，和他的大臣共同来论述一些医学道理，后来整理成书了，就是《黄帝内经》，这部书千百年一直流传下来，是中医学经典中的经典，是我们学习中医必读的著作。

中医学也被称作"岐黄之术"，就是来源于黄帝和他的大臣岐伯。今天所讲《黄帝内经》的养生之道，我想通过经典原文内容的解读和大家分享。

第一篇是《上古天真论》，黄帝问曰："余闻上古之人，春秋皆度百岁，而动作不衰；今时之人，年半百而动作皆衰者，时世异耶？人将失之耶？"岐伯对曰："上古之人，其知道者，法于阴阳，和于术数，食饮有节，起居有常，不妄作劳，故能形与神俱，而尽终其天年，度百岁乃去。"

如果按照人类性成熟是20岁左右计算，它的6倍是120岁，两个花甲，这个是正常天年，但是现在这种情况很少。

那么大家说，现在大多数人活不到这个岁数，这是为什么呢？喝酒喝太多，酒当饮料喝，又打乱了正常的生活规律，所以年过半百，动作皆衰，辛劳太过，最后不能达到天年，半百而衰。

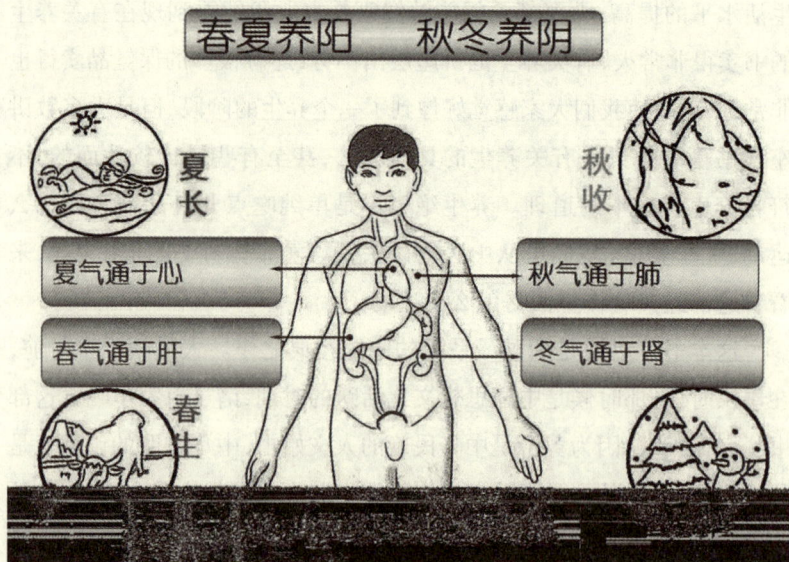

春夏养阳　秋冬养阴

夏长
夏气通于心
春气通于肝
春生

秋收
秋气通于肺
冬气通于肾

中国古代非常知名的一些中医,大多数很长寿,大家比较熟悉的有孙思邈,据正史记载,他活了120岁,民间传说他活的岁数更大一些,孙思邈特别擅长养生之道,精通儒道佛,在医学方面非常有建树,后世民间把他尊称为"药王",他就是在年过百岁以后,身体状况还特别好,照常为民服务,照常给人看病,著书立说。

古人那个时候可能跟现在不一样,我在现代也看到了一些养生之术把握得比较好、活的岁数也比较大的中医专家,我在南京中医学院读研究生的时候,中医学院是中医界比较知名的专家聚集的地方,20世纪90年代,当时的老中医年龄最大的106岁,年龄最小的80岁,平均年龄是90多岁,这些老先生能够按照中医的养生之道去做,其结果就是健康长寿。干祖望老先生在20世纪中叶已经著作等身,当时我上学的时候他已经80多岁了,但是还能给我们讲课,他去世的时候是104岁,自己的事情知道得一清二楚。有一天他觉得自己身体不行了,就把儿孙都召集回家,大家一块儿吃顿饭,说你们继续坐着,我累了,去休息了,回到了自己的房间就休息了。家人下午去叫老爷子,老爷子已经寿终正寝,真的难以想象,他对自己的生命把握到了那种地步。他一辈子就是勤于著书,勤于学习,心态特别好,与世无争,而且他的学问做得特别好,我记得他当时给我们讲中药本草学,讲"中草药"三个字,就能讲一上午,旁征博引、信手拈来。

《黄帝内经》养生之道里面,最重要的就是这么句话,"其知道者,法于阴阳,和于术数,食饮有节,起居有常,不妄作劳,故能形与神俱",人的精神和形体能够互相结合,协调统一,非常简单的几个字,就体现了中医养生大法、养生的纲领,大道至简。养生之道不是那么烦琐复杂,我们现在看的话非常容易理解,这些养生理论和现代科学、现代医学符合不符合呢?非常符合,比如说世界卫生组织1985年提出的健康四大基石,也叫"维多利亚宣言",里面定了四条,第一条叫作"膳食平衡",饮食方面要平衡有规律;第二条要适当地运动,要起居有常;第三条戒烟限酒,抽烟对身体没有好处,尽量戒掉,酒不要喝太多;第四条心态平衡,心理要平和,这是世界卫生组织提出的健康四大基石,和我们《黄帝内经》两千多年前讲的是不是非常符合呢？几乎是一致的。所以别看《黄帝内经》非常古老，它的理念并不落后，而且比世界卫生组织提得更加全面，就是"起居有常"，生活规律不规律非常重要，比如说经常熬夜，生活不规律，尤其现在年轻人习惯非常不好，晚上不睡早上不起，起居无常，精神疲惫，健康状态比较差，这样的话，劳神费力特别多，思虑太过，所欲不遂，因而不能达到一个健康的状态。

按照现在的观点，年过半百正是人生的壮年，鼎盛的时期，按照世界卫生组织的概念，青年人的概念应该是45岁以下，在45岁到60岁属于壮年期，你到60岁如果保养得好，身体还是创造力旺盛的时期，60岁的时候单位退休了，自己二次创业还能做到，看上去一点儿也不老。60岁到75岁之间是早期老年期，这个阶段还是属于能够工作，发挥余热，还能创造价值，到了75岁以上真正到了老年期，大家如果没到75岁就不要说自己老了，75岁以上才是真正进入老年了，这个时候，各项功能就开始有所衰退了，走路腿脚也不利落了，但是如果保养得好，75岁照样还可以。到了90岁以上，才是真正到了高龄期，如果我们能够活到90岁以上，才算真正达到长寿。

我们中国人的平均寿命能够达到75岁左右，如果身体不错，一般能达到八九十岁，我们看到一些干部保健条件比较好，或者一些知识分子健康知识比较丰富，活到80多岁没有问题。如果真正掌握了养生之道，应该能活到100岁左右。

一、法于阴阳

下面我们具体讲解中医养生大道里面的内容，第一个是法于阴阳。"阴阳者，天地之道也，万物之纲纪，变化之父母，生杀之本始，神明之府也，治病必求于本"。中国古代把阴阳学说运用到各个方面，中医把它继承下来了，所以习总书记说"中医药学凝聚着深邃的哲学智慧和中华民族几千年的健康养生理念及其实践经验，是中国古代科学的瑰宝，也是打开中华文明宝库的钥匙"，因为中医药学里面包含了丰富的中国古代文化。

中医认为人的正常状态叫作"阴平阳秘"，阴的话是平衡的，阳的话是封闭的，两者之间达到一个动态的平衡。如果阴阳偏盛偏衰了，就会出现疾病，就会身体失调，所以中医养生，首先要顺应阴阳之道，比如一个人的体质偏于阴虚就要用点儿养阴的，容易怕冷的属于偏阳虚，容易上火的属于阴虚，所以首先要把握阴阳，阴阳也是自然界的规律，春夏交替，四季更迭，昼夜变化都是阴阳的变化，必须要顺应自然，这叫作"法于阴阳"，效法于阴阳，顺应自然的规律。我们知道"道法自然"，一个大道的话是顺应自然，不能逆阴阳而动，不能逆自然的规律而动，本来一个很阴虚的病人，还用一些补阳的，肯定要走偏，所以这个方面，要顺应自然规律。

一般来说，我们中国人的思维是符合阴阳思维的，认为事物是一分为二的，互相对立、互相依存、互相转化的，这个是中医的哲学。大家知道，中医这门学问里面最重要的是哲学，它把哲理融入日常生活中去，所以我们过去学中医的，首先要懂得阴阳学说，它是一种古代的自然观，即法于阴阳。

春夏季节阳气生发，这个时候应该侧重于养阳，我们现在看到好多中医在夏天开展"三伏贴"，可以促进体内阳气上升，提高身体顺应能力。到了冬季阴气比较盛，可以养阴气。我们听说过"冬吃萝卜夏吃姜，不用医生开药方"，萝卜是养阴的，所以冬天要吃；夏天吃姜，吃点儿偏温的，否则对身体不好，秋冬也是这样的道理，跟我们的季节是相符合的。

二、和于术数

"术数"是一个繁杂的概念，是古人的一些养生之术，有许多的方法，如气功导引之术，就是术数的一种。五禽戏、太极拳、易筋经也是术数。不是说过去中医的东西都好，到了晋朝，魏晋南北朝的时候，把术数太玄学化了，当时文人流行服丹药，要修炼，讲究好多烦琐的技术，这叫"术数"，历来对术数有着不同的看法，有很多讲得特别烦琐，对身体并不好，比如说古代，关于养生之术有两大派，一大派就是侧重于正常人的基本方法,通过日常的饮食,通过自然规律、日常作息,这叫"人道",这是一大类;再一个叫"仙道",强调服丹、炼丹、修炼,最后要长生不老。古代的帝王,以至于很多上层人士特别注重这些方面,我们看秦始皇去求长生不老之药,那就是仙道,汉武帝也是这样,以至于后来到明朝、清朝,这个方面特别复杂,把中医养生的这部分引到了邪路上了。所以古代服丹的,进行采补的、修炼的,大多数都上当受骗,最后付出了生命的代价,包括唐朝的好多帝王,明代的很多帝王,都是因为服丹药,引起热毒内盛,所以它是真正糟粕的内容。

我们现在好多人还相信长生不老,还相信某个灵丹妙药,比如大家听说过某一种药,这个药非常好,用了珍贵的药材,价格也挺贵,到某个季节吃这么一颗对养生有帮助,就不得什么病;有这样的说法,惊蛰要吃什么好药,立冬要吃什么好药,那个是灵丹妙药,价格很贵,用药很稀奇,正常人没病的话,完全没有那个必要,如果你想靠吃药来达到长生不老,那就走火入魔了,不符合中医的养生道理了。现在有一些所谓的养生专家每天吹嘘这个吹嘘那个,最后给人的印象是"养生就是卖药",他告诉你养生的道理,最后推销点儿什么药,秦始皇那么大的财力,最后还是被徐福骗了;汉武帝那么英明,也沉迷炼丹服丹。他内心里面有这种需求,人的欲望是无穷无尽的,希望长生不老,希望成仙,希望达到升天的感觉。我们现在生活水平提高了,解决温饱了,就开始希望健康长寿了,这就使养生开始大行其道,有些养生的具体方法不能太信,如果你过度相信那些所谓的灵丹妙药,告诉大家,到现在还没有发现。日常生活中注意饮食,注意起居,不要过多地抽烟喝酒,心态平和,这就是养生之道。但是这个说法还没有得到大范围的普及,人们往往不会去读《黄帝内经》,也没有时间读,因为静不下心来,现在各种各样的信息,各种各样的诱惑太多了。我们今天介绍《黄帝内经》,让大家入门,知道它是什么样的书,它没有那么玄妙,非常平和,我们一定要注重中医讲的一些方法,采取一些适合自己的养生技术。比如你的身体柔韧性不好,你就应该做一些对柔韧性有好处的活动,像易筋经,太极拳,就挺好,对这种情况是适合的。现在最简单的,比较强调走路,每天走六七千步,把身体的代谢达到一个基本的平衡,特别好,要推荐一些大众能够接受的、简便易行的方法。

三、饮食有节

第三个方面非常重要的就是饮食有节,要吃出健康。中医讲"五味养生",五味入五脏,要调和,要注意达到营养的均衡,饮食方面不能喜欢吃什么就单吃什么,那就吃偏了。这方面的话,我们要注意,第一饮食有节,我们过了中年以后吃饭不能太饱,暴饮暴食是百病之源,现在我们看好多人得胃病、心血管病、高血脂、高血糖、高血压、高尿酸,是不是都是吃出来的病呢? 饮食不能做到节制。我们人类基因里面有一个贪吃基因,也是一个饥饿基因,因为人类的历史相当长时间都是吃不饱穿不暖,中国人真正吃得饱是改革开放以后,人们能吃饱了,现在是温饱有余,小康还没有全面实现。所以第一个就是饮食要有节制;第二个,要清洁,吃得卫生。我们现在看到的3·15曝光很多食品,太可怕,太恐怖了,那是能吃的食品吗? 简直是在吃垃圾,垃圾都不如,吃了以后身体能好吗? 所以要干净,要清洁,要有节;第三个,饮食要全面、均衡。一般来说,人的三大营养素:蛋白质、脂肪、糖,再加上维生素、微量元素、纤维素,还有最重要的水,大概就是这七大类,必须均衡。不能说我喜欢吃这个就老吃这个,不喜欢吃那个就不吃那个,我们大同市政协有一位副主席,原来是民革的一位成员,今年96岁了,生活完全能自理,耳不聋眼不花,每天要吃20种食品,枣、花生米、枸杞等等,这样的话身体的营养够了,脸上连个老年斑都没有,每天还少喝一点儿酒,"喝酒不过两,胜过人参养",我们看到都非常羡慕,为什么? 因为他注重饮食,营养很均衡。

我在日本留学的时候知道一位日野先生,94岁照常上班,他也是吃得比较少,在中国方便面要吃一大碗,叫"来一桶",在日本是"来一杯",像一次性纸杯那么大,细嚼慢咽,然后再来200毫升的番茄汁或其他果蔬汁。前段时间我在电视上又看到老先生,今年106岁了,现在还在当医生,当时电视台介绍他是日本执业历史最长的医生,当了80多年大夫了,现在还在上班,还要上专家门诊,还要写书,书名叫《一目了然内科学》,图文并茂。一百多岁的老人,编这么好的书,他的经验充分体现到了他的价值上,而且隔三岔五还要做健康讲座。就是吃得少、吃得精,每天喝点儿酸奶,吃点儿杏仁巧克力,是食品都有它的价值存在,所以我们把吃真正作为养生非常重要的手段,这个不吃、那个不吃,营养就不够,要吃出健康来。

还有就是不要吃太辣的、太凉的、太烫的、太甜的、太咸的,这些东西,对身体也是非常不好。我们特别强调现在尽量少喝冷饮,对胃肠不好,特别是小孩子喝的冷饮太多,很容易造成肺部反射性的咳嗽,中医叫"形寒饮冷则伤肺",有的人喜欢吃冰激凌、喝冰水,都不好。中华民族自古以来是农耕文化,不是茹毛饮血的民族,不是游牧民族,我们就是农耕民族,你的基因就决定了你要吃一些温的、熟的东西,否则的话,你缺乏这种酶,代谢不了那种食物,有的小孩子喜欢吃肉,不喜欢吃菜,喜欢吃甜的东西,这都要注意。

四、起居有常

起居作息应该有规律,应该形成一个规律的时间段,比如晚上到了10点多、11点就该睡觉了,第二天6点多就该醒来了,这种有规律的生活、有节制的生活是最好的。中医特别讲究要睡子午觉,中午吃完饭稍微歇一会儿,哪怕只有二三十分钟都不一样。我们大家都有这样的感觉,中午睡一会儿,下午精力充沛,工作效率高,中午不睡这一会儿,一下午基本上白费了,子午觉太重要了,这是经络运行的阶段阴阳需要相交,如果中午不睡觉,到了下午,心悸心慌都会有发生,心律失常也会有发生。

前些年有一个搞飞机设计的总工程师,叫罗阳,可能太劳累,压力也大,那么繁重的工作也不可能规律地作息,年仅51岁心脏病突发去世,特别可惜。我周围有个朋友也是这样,他朋友多、应酬多,中午喝酒不休息,下午着急就去上班,最后心脏病突发去世,太可惜了。所以说,睡子午觉对于预防心脏病、脑血管疾病有好处。

睡眠养生、起居养生是最重要的养生,这是中医的精华。我刚才说的南京中医学院的老先生们,大多是90多岁到100多岁,他们就是每天特别注重睡眠,中午不管有什么事都要休息,下午再去工作。我身边的人现在有的已经开始退休了,有的还是单位的骨干,我们单位为了让大家能够午休,购买了行军床。现在著名的公司,包括微软、苹果公司,也让大家午休,这是符合生理规律的,中午一定要睡一会儿,如果经常坚持,就会使人的阴阳平和,神经系统平和,这种养生是最好的养生,过去叫"不觅仙方觅睡方",这是我们中医最有价值的东西。但是现在由于生活习惯的改变,很多人都阴阳颠倒,昼夜节律紊乱,出现了睡眠障碍,这是健康最大的敌人。起居规律要比你做什么操、做什么功都强得多。一个人不吃饭几天能坚持下来,不睡觉几天能坚持吗?

具体到春三月,"春三月,此谓发陈。天地俱生,万物以荣,夜卧早起,被发缓形,以使志生;生而勿杀,予而勿夺,赏而勿罚,此春气之应,养生之道也"。应该睡得早、起得早。

五、不妄作劳

"劳"包括三种,第一种是劳力,体力劳动者劳力太过的话容易伤气,人们一天干重活,全身乏力,气也不足了,做老师的讲课讲太多,话也不想说了,气也出不上来了,感觉特别无力,这个要适可而止。现在我们工作相对比较轻,有的老年人帮着儿女带下一辈,而且有一种天然的情感,看见隔辈分外亲,就会为孩子付出太多,很多老年人抱孩子抱得全身疼痛,太过劳。

第二个叫"劳心",有的脑力劳动者不一定干什么活,坐的时候比较多,但是劳心太过,这样的话容易伤神,伤神以后特别容易睡不着,心不藏神了,容易失眠烦躁。劳心太过,想得太多,所欲不得,因为你所想要的事情不一定完全能够达到目的,很多人现在就是心累。

第三个叫"房劳",指的性生活方面,过去中医把这块叫"房中术",现在讲得太少了,认识也不足,认为都是淫秽的、不正确的东西,反而把中医最精华的东西没有了。房劳太过了以后容易伤精,中医认为精是人体生殖、生长、发育的重要物质，要适当地节欲，不要太过，也不主张特别地禁欲，强调"顺其自然"，达到夫妻的和谐，房事不能太过。尤其年轻的时候你如果房事太过，这个人肯定容易早衰。过去孔子讲过"少年戒之在色，中年戒之在斗，老年戒之在得"。年轻人血气未成，戒之在色；中年人血气方刚、戒之在斗；老年人血气已衰，不要太小气、太吝啬、贪得无厌，最后你要不了那么多东西，到老了以后应该做减法，如果一个老年人还像年轻人一样欲念无穷，今天买流行衣服，明天买名牌手机，肯定是不适合的。

我们现在的人有好多这样的问题，但是健康观念一直没有，如果有机会的话，可以做一个有关中医房中术正确方法的介绍，因为古代也有很多的论述、著作，专门就是讲这个正确的方法，叫七损八益。现在糟粕太多，研究的人太少，真正搞学问的人不屑于搞这些东西，所以以后如果有机会，可以专门探讨。大家都是成年人，这些东西可以认真地考虑，也是中医的一部分，要弄明白它的糟粕在什么地方，精华在什么地方。

劳力伤气，劳心伤神，房劳伤精，所以要有劳有逸，要适当地活动。我们看到一些体力劳动者相对来说身体可以，一些脑力劳动者如果不注意的话，会坐出来一身病。中医说"久卧伤气，久坐伤肉，久立伤骨，久行伤筋，久视伤血"。我们现在很多人长时间看电脑屏幕、看手机，手机普及了，很多人因此眼睛干涩，流泪发痒，甚至于头昏脑涨、精力不足，为什么？久视伤血，消耗了血分，所以不能太过，要注意适可而止，还要适当地活动，达到一个平衡。这是中医养生的几大规律，挺好理解，我们一会儿再复习。

"今时之人不然也，以酒为浆，以妄为常，醉以入房，以欲竭其精，以耗散其真，不知持满，不时御神，务快其心，逆于生乐，起居无节，故半百而衰也"。为什么会出现半百而衰呢？生活不规律，不懂得养生，有益于健康的事情一点儿也不做，不利于身心的事情经常去做，这是最大的误区。人的懒惰、贪吃，贪图享乐，欲望无穷，这些都是不适于健康的，所以现在人们体质好的不是太多。尤其中国处在发展的过程当中，由温饱向小康、由小康向基本富裕发展，在这个时候，健康问题已经到了一个刻不容缓的地步。中央电视台曾报道，现在中国糖尿病病人将近1个亿，血糖高的将近2亿人，高血压将近2亿人，尿酸高的将近1亿人，多么高的数字，我们现在不懂养生，致使有害身体的行为已经影响到了国民的基本素质，现在这些病的发病率越来越高，对健康造成了非常大的影响，而且一旦形成疾病，都是很危险的，脑出血，心肌梗死、尿酸高引起痛风性关节炎，走路困难的太多了。这些成年病，生活习惯病，它的形成就和这些有关系，不讲究生活规律，不讲究养生大道，片面地说我吃点儿什么就能养了生，这种观念是错误的！一定要从根本上，从《黄帝内经》的本源上来解决，大道至简，凡是把养生讲得非常复杂的肯定不对，中医养生也是这个道理，不是太复杂，就那么几句话，去实行的话就会防患于未然。

还有一条，也是《黄帝内经》里面讲的，叫"夫上古圣人之教下也，皆谓之虚邪贼风，避之有时，恬淡虚无，真气从之，精神内守，病安从来"。"虚邪"就是指能够导致人体生病的邪气，比如一些致病的微生物，"贼风"，伤害人的邪气，要适当预防。比如现在的禽流感，国内发病率170多例，这些就是致病因素，一定要躲避，这个季节正好这个病流行的季节，就不要到农贸市场买活鸡，可能是带有病毒的，能够通过媒介作用于人，人一旦传染了以后非常严重，过去人们在那个时代就强调"避之有时"，要注意躲避。

"恬淡虚无"，这是从精神上来说的，什么意思呢？内心要比较谦虚，比较谨慎，欲望比较少，与世无争，叫"恬淡虚无"，就是指内心平静的状态，无欲无求的状态，心理平衡的状态。内心无欲无求，精神比较豁达。做到恬淡虚无，就能做到"真气从之"，人们讲究形神合一、心身合一、天人合一，会使人的精气服从人的身体，人的真气、元气和身体可以比较协同，人的精神内守，病从哪里来呢？这就是心理方面的内容，一方面要预防疾病，避之有时，再一方面，心态平和。

从这个意义上来说，中医的养生就是养心，内心要平和，好多病的发生除了刚才我们说的那几大因素，生活不规律以外，很大程度上跟心理有关系,如果一个人经常处于愤怒、焦虑、生气、郁结的状态,时间长了肯定会出问题,肯定会引发疾病。大家知道癌症的发生跟心理因素有密切的关系,一些重病的发生跟心理因素也有密切的关系,我见到有些朋友们因为一些事情想不开,又不发泄出来,在心里面憋着,时间长了可能引发一场恶性病,这种情况太多了。所以心理因素对养生太重要了,三国时代嵇康写过一本《养生论》,就是论述心理对人身体的影响。

进一步说,养心就是养性,我们说"性格决定命运"。如果性格方面太好强,心脏肯定好不了,容易发生高血压等疾病。一些老中医为什么健康长寿?他们往往心态平和,对待任何事情都是风轻云淡。但是这个谈何容易?我们说"江山易改本性难移",人的性格一旦形成,你再改变很难,但是要顺应它。我们现在很流行一个观点,有些劳力者注意养生,劳心者要注意养心养性,体力劳动者要多吃点儿好的,食补重于药补,每天吃点儿鸡,吃点儿鱼,对身体有好处。对于劳心者而言吃过多高热量的东西消耗不掉,需要不了那么多的量,但是需要从心里多去疏导,多去自己平衡,最好的办法是多读书,劳心者要多读书,劳力者要多补营养。我们需要精神食粮,世界上读书多的民族往往都是长寿民族,是创造力强的民族。我们说犹太人,他们是世界上读书最多的,每个人每年平均读60多本书,以色列的图书馆是世界上最多的,而且以色列人特别喜欢读书,他们的创造力特别强,得诺贝尔奖的也多,而且对世界的文明发展贡献特别大,我们熟悉的马克思、爱因斯坦、基辛格都是犹太人,而且他们的寿命都比较长;还有德国人读书也多,创造力很强,图书馆很多,寿命很长;我们的邻居日本人,读书比较多,我在日本留学三年,对他们很熟悉,在电车上面看手机的人很少,大多数都看书,日本的报纸订阅量非常大,每人每年平均读书40多本,他们的平均寿命是83岁以上,比中国人的平均寿命大概多10岁。日本特别干净,社会很有秩序,人们不会到处吵,也很安静,个人的文明程度比较高,因为他们读书多,文化方面比较注重保护传统。我们可以借鉴他们,学习他们。为什么有的人对中医不理解?没读过中医著作,不知者不为罪,读的书太少了。包括中医系的大学生们读过《黄帝内经》吗？很少，没时间，因为要考试，要考级，要考研究生，这些事情把人的时间全部左右了。一个民族如果不读书，养生也做不好。养生一方面需要物质营养，另一方面需要精神食粮，所以今天大家能来图书馆里面，能读书的人，有可能是将来健康长寿的人。

我刚才举的几个例子是真实的，不是随便说的，擅长读书是一大法宝，书是治疗疾病的良药，特别是治疗心理疾病。我们过去的一些大家，一些学者，从小他们的文化基础已经打得特别深厚，为什么他们能够成为大家？季羡林先生、周汝昌先生这些大家读书读得特别多，心态很平和，遭受到不公正的待遇也能坦然处之，最后健康长寿。读书对人类有益，创造精神文明，推进了社会的进步。所以养生绝对不是简单地吃点儿什么补药、吃点儿什么保健品、跳跳广场舞、扭扭秧歌，养生是深层次的问题，是一种精神生活，不是简单的物质生活。我们现在温饱达到了，需要精神方面的追求，如果我们每天能够读一点书，慢慢就会养成习惯。这种习惯对孩子也有好处，如果你在家里每天看书，你的孩子什么感觉？我在年轻的时候准备考研究生，每天看书，我的孩子一岁半，他就学着我的样子，拿一本书，搬个小板凳坐那儿也看，书都是倒着拿的，但是他念念有词，这就是模仿，这就养成了他比较良好的阅读习惯，我们现在良好的阅读习惯太少了，孩子基本上都是参加各种各样的补习班，真正从内心滋养孩子的东西太少了，我们给孩子买营养品、奢侈品，穿好的、吃好的，精神方面有吗？太少了。我们传统的文化，传统的东西，让孩子背诵得太少了，家长为了实现自己的梦想把重担强加于孩子，有的孩子比大人还忙，报那么多的辅导班，最后弄得体质很差，精神压力很大，造成厌学情绪，心理不平衡，所以我们除了大人养生，更要注重孩子精神的滋养，让他们从小学开始学一些中国古代优秀文化，读一些圣贤书，这些对孩子太有好处了。读完这些书的孩子，能够懂大道理，不会被一些错误所迷惑，而且身体素质也比较好，学习成绩也不会差，而且从中悟出为人处事的道理。

我在前几年曾经做过一个试验，带领几个上初一的孩子读《历代文选》，同时还教他们学点日语。从初一到初二的后半年，利用每周六、周日的半天时间，还有寒暑假的空余时间，学习这些课外知识，坚持了一年半时间，孩子们打下功底以后，等到上了高中，发现高中课本里很多都是《历代文选》里面的内容，比如说《出师表》《岳阳楼记》等等，这些孩子古文水平明显比其他同学高，等高考的时候，其中一个孩子考上了清华大学经管学院，其实这孩子的智商是很平常的，不是尖子生，也不是特别用功刻苦的孩子，就是基础扎实。

我们讲国学还是很肤浅的，没有从根本上，从民族的身心健康上树立观念，如果我们大家今后有意对自己的家人，对后代有这些方面的启发和教育，我觉得对于养生、养心非常有意义、非常有价值。达到心态的平和，知识的丰富，就不会随大流，不会盲从，不会被一些错误的东西所忽悠，而我们现在恰恰相反，在这方面我们有好多的问题，懂得不少，但是都是零星的、碎片化的，统一不起来。很多老年人也注重身体健康，也注重养生之道，但是特别容易被忽悠，上当受骗的太多了，我们看到一些报道，老年人倾其所有去买一种保健品，却往往没有保健作用。有的老年人因为这个事情，引起了疾病的发作，甚至有的被骗钱以后，有自杀的行为，太可悲了。为什么？因为了解的知识不够。现在中老年注重养生之道是好事，但是太热了也不好，会引起盲从和盲动，容易走火入魔。我们要顺应自然，顺应阴阳，顺应每个人的具体情况，不要盲从，甚至有些人智商很高，文化水平很高，最后也盲从了，要选择适合自己的，顺应自然的，适合自己条件的，从基础做起，从日常生活做起，成为一种生活习惯，成为一种日常的生活方式。

"是以志闲而少欲，心安而不惧，形劳而不倦，气从以顺，各从其欲，皆得所愿。故美其食，任其服，乐其俗，高下不相慕，其民故曰朴"，最适合我们自己的、最自然的，叫"从其所欲"，那么各得所愿，吃什么东西都很甘美，穿的衣服不一定是名牌，穿得舒服就行，真正做到朴实无华，最符合自然本质的东西，叫"朴"。"是以嗜欲不能劳其目，淫邪不能惑其心，愚智贤不肖，不惧于物，故合于道"，"所以能年皆度百岁而动作不衰者，以其德全不危也"，我们称其"全能老人"，各方面的功能都健全，全能老人有几个表现,吃东西很快,不是狼吞虎咽,但是吃得快;睡得快,躺下以后就睡着了;说得快,如果说话不连贯,说明思维有问题;走得快,不是走一步拖两步;最后也拉得快,排泄正常,如果做到"五快",说明身体这些功能全部正常,说明你的脏腑功能很协调。

然后还有三个"良好":良好的心理素质,"高下不相慕",我不一定非得羡慕那些特别有钱有势的人;第二个,良好的生活环境;第三个,良好的人际关系。跟邻居有矛盾,跟后辈有矛盾,人际关系不好,肯定不健康,良好的人际关系,也是良好的社会适应能力,这些都比较好的话,就是一个全能的老人,没有失能,不需要别人来照顾,这样的话"德全而不危也",品德高尚没有什么危害,人们说养生在某种意义上也是养德,你的健康状况如何,不给孩子造成任何负担,像我之前说的老先生,知道自己大限已至,沐浴更衣,理了发,大家一起过来吃顿饭,然后大家继续欢乐,我去归我的位了,寿终正寝。那就是德,真正得道者能做到这一步,我见到很多老人做到了,不给别人添麻烦。很多人在大城市工作,压力太大了,孩子能看看你就不错了,或者通过手机看一看也不错,但是我们把自己的身体养好,对社会来说就是最大的财富。我们现在,相当一部分钱都是花在医疗上面的,而且都是属于无用功,花得越多效果越差,真正健康的不需要过度医疗,科学养生做到最好的。

帝曰:"人年老而无子者,材力尽邪?将天数然也?"岐伯曰:"女子七岁,肾气盛,齿更发长;二七而天癸至,任脉通,太冲脉盛,月事以时下,故有子;三七,肾气平均,故真牙生而长极;四七,筋骨坚,发长极,身体盛壮;五七,阳明脉衰,面始焦,发始堕。"说明女子的生活规律是以7岁为一个周期的。一般来说,到了49岁的话就到了更年期,也是绝经期,这个时候就没有生育能力了。

男人跟女人不太相同,"丈夫八岁,肾气实,发长齿更;二八,肾气盛,天癸至,精气溢泻,阴阳和,故能有子;三八,肾气平均,筋骨劲强,故真牙生而长极;四八,筋骨隆盛,肌肉满壮;五八,肾气衰,发堕齿槁;六八,阳气衰竭于上,面焦,发鬓斑白。七八,肝气衰,筋不能动,天癸竭,精少,肾脏衰,形体皆极。八八天癸竭……则齿发去"。什么意思?说明男子16岁开始性成熟，24岁的时候个子最高，40岁的时候到了中年，开始掉牙，头发开始掉。男人比女人相对来说生长发育慢一点，但是个儿高一点，男人衰老的时候也比女人推迟一点儿。

"肾者主水，受五脏六腑之精而藏之，故五脏盛，乃能泻。今五脏皆衰，筋骨解堕，天癸尽矣，故发鬓白，身体重，行步不正，而无子耳"，还有帝曰："有其年已老，而有子者，何也？"岐伯曰："此其天寿过度，气脉常通，而肾气有余也。此虽有子，男子不过尽八八，女子不过尽七七，而天地之精气皆竭矣。"

还有"帝曰：夫道者，年皆百数，能有子乎？"岐伯曰："夫道者，能却老而全形，身年虽寿，能生子也。"

黄帝曰："余闻上古有真人者，提挈天地，把握阴阳，呼吸精气，独立守神，肌肉若一，故能寿敝天地，无有终时，此其道生。"

"其次有圣人者，处天地之合，从八风之理，适嗜欲于世俗之间，无恚嗔之心，行不欲离于世，被服章，举不欲观于俗，外不劳形于事，内无思想之患，以恬愉为务，以自得为功，形体不敝，精神不散，亦可以百数"。

中国古代圣人大多比较长寿，孔子在那个时代享年73岁，孟子84岁。

最后是贤人，"法则天地，象似日月，辨列星辰，逆从阴阳，分别四时，将从上古。合同于道，亦可使益寿而有极时"。按古人的说法，人人可为圣贤，我们今天通过学习《黄帝内经》里面的上古天真论，就是为了让大家能够重新认识中医养生之道，同时成为一个贤良的人，在精神上、身体上、健康上能够领时代之风尚，继承发扬中医的传统，能够不为外界所迷惑，能够从心理到身体、到文化传承各方面，都达到心身平和，掌握大道，这样的话就能掌握到真正的规律。

最后有几句话跟大家分享，"上士闻道，谨而行之；中士闻道，半信半疑，下士闻道，大笑之。不笑不足以为道也"！如果你不笑的话，就不叫道了，所以我们根据每个人的体会去学习，但是最终的结果还回到主题，我们希望大家多读书，特别是读经典著作，你要把《黄帝内经》好好读一遍，我觉得应该来说，一个初中文化水平的人就能够读懂它，今天我们讲到的很多是原文，中华文化最了不起的地方，就是古人的东西我们还能接受，还能传承，古人和我们是相通的，我们看《黄帝内经》，只要认真去看，都能读懂，并不那么复杂深奥。

今天的讲座不一定符合大家的口味，但是两个小时的时间大家能够平心静气地去听，令我非常感激，也感谢九三学社山西省委、山西省文化厅、山西省图书馆提供这样的机会，让我们今后奉行中医的养生之道，多读书，养好生，谢谢大家！

透过腰椎、颈椎看健康

——职业女性自我保健

九三学社山西省委医卫委副主任、中国民族医药学会康复专委会常委、中国康复医学会颈椎病专委会委员、中国研究型医院协会冲击波专委会委员、山西省护理学会康复护理专委会名誉主委、山西省医师协会康复医师分会副会长、临床医学硕士，山西医科大学第一医院康复科副主任医师、科主任，山西医科大学硕士生导师，山西省医院协会康复管理专业委员会常委、山西省工伤鉴定专家库成员、山西省女医师协会理事。

发表各类论文多篇。多年来从事神经疾病康复与骨科疾病康复的临床工作。主要擅长脑卒中、脊髓损伤、颈椎病、腰椎间盘突出症及骨性关节炎等疾病的康复治疗和各种物理因子的使用。近年来专注于脊柱慢性疾病的康复治疗和慢性疼痛治疗。

由于人类社会发展得越来越迅速,我们的身体结构与功能还未来得及做出适应当前状态的改变,因此我们会发现现在人们的颈腰痛越来越多。因为伏案工作的增多、手机电脑等的普遍使用,使我们的身体长期处于屈曲的状态,我们的躯体为适应这个科技发展的社会,会自然而然地选择最省力的模式,但是我们基因里带着的适合运动的身体结构还不足以承受这种节省,如果我们没有做适度的运动,长期如此,结构和功能就再也不能维持这种统一了,颈椎病、腰痛等骨骼肌肉疾病就出现了。这个时候我们就要去追寻那些隐藏在我们基因里的模式,来解决现在的不适。我们需要思考如何去既享受现代化进步带给我们的便捷,同时维护好我们的身体健康。

　　职场女性在工作中最常感受到的不适有哪些?哪些不适影响了我们的工作和生活?是的,脖子疼、手臂麻、腰痛、腰部酸胀这些对于我们职场女性都属于常见症状,我们太多时间都是坐着的,这给了我们颈腰过度的负荷,使得很多人出现颈腰的不适,今天我们就针对如何解决颈腰问题进行探讨,这就需要从人体结构与功能的关系开始说起,同时也有必要了解一下在进化和发育过程中人与动物的区别是怎么发生的,为什么颈腰椎疾病是人类独有的一种疾病。

　　人体是结构与功能的结合体,结构与功能互为因果、密不可分,结构是我们功能实现的基础,而功能也根据我们的需求慢慢地改变着结构。这种结构与功能的统一性在人类的进化史中得到了完美的诠释。

　　人类进化的过程是从四足爬行逐渐到直立行走的过程,在这个过程中,我们的足、髋、脊柱等很多结构都发生了改变。在我们抬起前肢尝试用双下肢行走的时候,足的重心发生转移,四足爬行时我们的支撑重心在前脚掌,但是当我们站立起来时,重心逐渐向后转移,我们的支撑重心放到了后足上,而为了满足这种功能需求,后足得到了很好的发育,跟骨和距骨发生了完美的适应性的结构性变化。爬行时髋处于屈

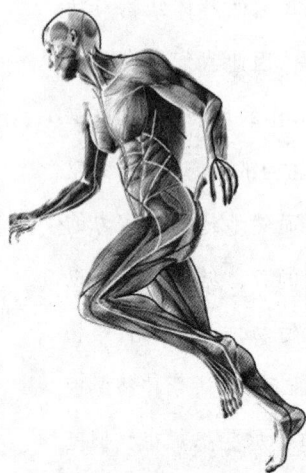

曲位,但当我们直立时,行走的平衡要求我们的髋部直立起来,而目前人类髋的进化已经达到完善,只是我们在使用的过程中还不够完美。脊柱也发生了明显的变化,因为直立,我们的颈屈和腰屈两个次级曲线形成,脊柱成为主要的维持稳定、承载重量的身体结构,但是有实验证明体内脊柱承载的负荷比在体外椎骨的堆叠所承载的负荷至少要高出1.5倍,这说明脊柱能够能将人体完美地承载起来,依靠了椎体周围的肌肉和韧带,脊柱的模型就如同帆船的模型,脊柱就像帆船的中轴线,是一个柔韧的结构,真正的负载会通过周围的肌肉筋膜传递给其他结构,脊柱也因此才能承载我们目前的这种功能状态。在这些结构中间,最重要的一个变化是我们的膈肌和盆底,直立起来之后它们从水平面运动变成了在矢状面上的上下运动,这样就对膈肌形成了巨大的挑战,膈肌也得到了迅速的发育,成为我们运动过程中一个非常重要的运动器官,它不仅承载了呼吸功能,还是维持核心稳定的重要部分。

通过人类社会发展的进程,我们可以看出功能的需要逐渐改变着身体的结构,而身体结构的改变又是功能进一步改变的基础,结构与功能相辅相成最终达到人类的适应性变化,而人类从原始社会到农业社会用了约二十万年,从农业社会到工业社会用了约五百年,而从工业社会到如今的电子社会仅仅用了十到二十年,由于人类社会发展得越来越迅速,我们的身体结构与功能还未来得及做出适应当前状态的改变,因此我们会发现现在人们的颈腰痛越来越多。因为伏案工作的增多、手机电脑等的普遍使用,使我们的身体长期处于屈曲的状态,我们的躯体为适应这个科技发展的社会,会自然而然地选择最省力的模式,但是我们基因里带着的适合运动的身体结构还不足以承受这种节省,如果我们没有做适度的运动,长期如此,结构和功能就再也不能维持这种统一了，颈椎病、腰痛等骨骼肌肉疾病就出现了。这个时候我们就要去追寻那些隐藏在我们基因里的模式，来解决现在的不适。我们需要思考如何去既享受现代化进步带给我们的便捷，同时维护好我们的身体健康。

有些人可能见过非洲女性头顶着重物轻松行走的画面，非洲因为技术水平的落后，生存的需求使她们不得不进行较原始的搬运方式，但是这种顶着重物的方式并未给她们的行走带来任何障碍，还使她们的行走更加稳定、自然。也有些人可能在网上见到过一个小男孩在船上顶着近二十块砖，从容地走过独木桥的视频，这种种现象引起专业人士的思考，后来他们通过研究得出了结论，原来我们颈椎的存在，并不是为了让我们"左顾右盼"，而是为了稳定。是的，稳定，这是一个很关键的点，就像猎豹在奔跑的过程中，全身都处于规律起伏的状态，而只有头与颈向静态画面一样始终保持着稳定，这是速度与力量的必然要求，而腰椎也是，所谓的"核心越稳定，四肢越灵活"就体现出了腰椎稳定的重要性。这一点可以为我们解决颈椎、腰椎问题提供新思路。

因为我们久坐的生活方式和行为，颈椎病成为我们日常生活中避不开的问题，有34%—70%的人都有过颈痛的经历，平均每年都有17.9%的人在承受着颈痛，而对于在办公室工作的人这个数据高达45.5%，而且在颈痛的人群中，女性更为常见。腰痛的发生率更不容小觑，有60%—80%的成年人在生活中有过腰背痛的经历，是仅次于上呼吸道疾患而就诊的第二位常见的临床症状，也是45岁以下成年人活动受限的第一位原因，接受物理治疗的门诊患者中有25%是腰背痛患者。通过这些数据我们发现，我们已经到了不得不严肃面对颈椎、腰椎

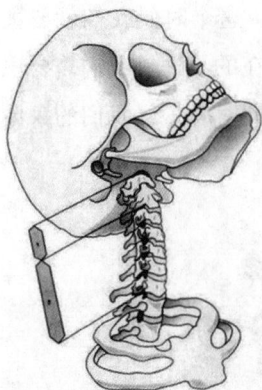

问题的地步,它已经严重地影响了我们的日常生活。

首先,我们来谈谈颈椎。

目前我们从功能的角度将颈椎进行了分段,普遍的分法是将颈椎分为上、下两段,上段包括第一颈椎(寰椎)和第二颈椎(枢椎),两者互相连接后,再通过一个具有三轴三自由度的关节复合体与枕骨相连,它们在功能上自成一体。下段是从枢椎的下面延伸至第一胸椎的上面。还有学者将颈椎分为了三段,认为C1—C2为上段,C3—C5为中段,C6—T2为下段。很多人认为我们颈椎出现症状是因为我们的颈椎过度屈曲了,其实不尽然,我们总是以最舒适的方式坐着,此时我们的胸椎、颈椎下段都是屈曲的,但如果我们的颈椎整体都是屈曲的话,我们就只能看到地面了,但这样我们就没办法工作了,我们看不见电脑、看不见周围环境,所以我们会抬头,这时我们的颈椎上段其实是过伸的,有兴趣的朋友可以自己做做这个动作,自己想想,是不是如此。

我们在对患者进行治疗前,一定要进行评估,这个过程非常重要,评估不仅是对患者情况的一个全面地了解,也是对治疗进行的一个指导,最重要的是能让我们对"红旗征"进行排查,"红旗征"就是红线,警戒线的意思,就是我们要将不能进行手法或运动治疗的这类人排查出来,让他们去相应的专业科室接受最恰当的治疗,并不是所有的颈椎问题都能通过保守治疗解决,我们挑战我们能挑战的,但对我们不能碰触的红线,我们也坚决不会瞎指导。像创伤、肿瘤、全身性疾病,我们的介入不会使患者获益,有时候甚至会加重病情,所以对于一个康复医师而言,知道什么能做没有什么了不起,但是知道什么绝对不能做才是真本事。

我曾经就接诊过一个32岁的女性患者,主因外伤后肩背部不适,右手活动不利三月余就诊。我们查体发现,患者颈部压痛(+),颈部活动度减少,右手屈腕不能,右手拇指活动受限。右手X线显示右侧第一掌骨中段骨折,颈部MRI显示C2处脊髓异常信号,颈椎CT和功能位MRI提示:寰枢关节不稳。因为患者症状是外伤所致,并且存在寰枢关节不稳,手法的介入存在非常大的风险,我们一开始就建议患者手术治疗,但由于患者本身对手术存在抗拒心理,表示愿意承担风险接受康复治疗,我们只是对其进行右手关节松动、理疗、冲击波治疗,右手很快恢复正常功能。但是由于寰枢关节的特殊性,只做了一次颈部局部筋膜松解,颈部不适有所缓解,紧接着我们通过与患者的多次沟通,向其解释必须寻求手术治疗的原因,并进行了大量的心理安抚。

排除掉"红旗征"后,我们就要对患者进行全面的功能评估了,SFMA为我们提供了一种评估方法,它打破传统的局部评估与治疗,将人体看作一个整体,找出与现如今出现的症状有关的根本问题。我们知道人体区域相互依赖,相邻关节的问题都有可能引起颈椎的症状。这个很好理解,举个简单的例子,当我们弓腰驼背坐着的时候,抬起你的胳膊,然后你再在坐直的状态下抬起你的胳膊,你会发现,坐直后能抬得更高,这个简单的小试验告诉我们肩关节的活动受到了其相邻关节的影响,同样的,颈椎也会受到肩关节等相邻关节的影响,如果肩关节的灵活性受限,颈椎就不得不放弃其一部分的稳定功能来进行代偿,对于这种情况,我们仅仅加强颈椎稳定性的训练会收效甚微,而如果我们能解决掉肩关节的灵活性问题,颈椎的问题也就迎刃而解了。因此找到导致目前症状的根本原因是十分有必要的。

评估完之后,就要进行治疗了,提到治疗就不得不提颈椎病的分类,目前我们临床上将颈椎病分为颈型颈椎病、神经根型颈椎病、椎动脉型颈椎病、交感型颈椎病、脊髓型颈椎病、混合型颈椎病,这个分类看起来没什么问题,清楚地告诉我们导致颈椎病的原因,但是这种分类对我们的治疗几乎起不到什么指导作用。我们会发现同样是颈型颈椎病,有的用牵引疗法有效率可以达到50%左右,而有些有效率却连10%都不到,因此我们需要一种可以指导我们治疗方法的选择分类。对这样的分类目前尚未达成共识,在这里我倾向于一种还在探索过程中的分类方法,它将颈椎病分为运动导向组、牵引组、手法组、神经松动组、稳定组。

对于运动导向组,我们进行重复动作测试,如果患者在此过程中疼痛减轻或活动度增加便将其归于此组。手法组主要运用软组织技术或松动术。牵引组包括手法牵引和机械牵引。神经松动组包括滑动手法和张力手法。而稳定组通过进行稳定性训练达到症状缓解的目的。大家对此有个简单地了解即可。下面我们详细地说一说稳定组的训练。

稳定组分为四阶,第一阶是激活局部稳定肌群,激活深感觉。通过让患者做收下巴的动作使枢椎屈曲,然后维持该动作。激活深感觉可以让他头上戴一支激光笔,指到指定的地方;第二阶是训练静态稳定,耐力、协调、力量。前锯肌激活训练、斜方肌激活训练都属于此阶;第三阶是训练动态稳定,耐力、协调、力量;到了第四阶就进行反应稳定训练,加强快速、反应力量。稳定性训练从一阶到四阶难度逐渐提升,对于不同的患者我们要根据其个体情况进行选择。

其实在正式的颈椎训练前,我们应先进行热身训练。热身训练可使我们长期维持一个姿势的肌肉得到激活,促进局部的血液循环,让我们的身体和心理做好充分地准备,可最大限度地避免运动损伤。现在给大家推荐一个颈部的热身动作,首先是站立姿势,起始姿势身体直立,头中立位,面向前。然后做低头、向左右侧屈、旋转动作,在活动的过程中注意只活动颈部,不要出现肩关节的代偿。活动时,动作不要过快,缓慢进行,以免出现头晕、神经放射的症状。

说完了颈椎,我们再看看腰椎。

对于腰痛大家有一些误解,我需要给大家提醒一下。有些人会认为腰背痛是一种经过一段时间后就会适应的事情,疼痛感会随着时间的推移而减轻;有的人认为MRI检查结果能给医生提供治疗过程中需要知道的所有信息;有的人认为躺在床上对腰背痛绝对有好处;更有的人认为每天都去健身房健身,就会消除腰背痛。这些想法都不对。疼痛问题拖得越久,患者越会感到更多疼痛,而且会变得更加敏感。诊疗过程中MRI和CT检查对我们判断腰背痛成因的帮助非常有限。它能够显示你背部的变化和特征,但是这些可能是也可能不是造成你疼痛的原因。疼痛通常起源于功能问题。更让大家大跌眼镜的是过长时间躺在床上会引发腰背痛。我们都知道,早上起床时会比晚上上床时的身高要高。这是由椎间盘的变化引起的。位于脊椎之间的椎间盘富含高密度的亲水蛋白链。当我们平躺的时候,椎间盘将会充满水分,并轻轻地将脊椎之间的距离推开,拉长脊椎。这也是我们的背部通常在早上会感觉僵硬一些的原因。椎间盘在这个时候充满了液体,像快要爆的充水气球。当脊柱在一个水平位置保持太久时,问题就来了。躺八个小时是健康的,时间再长的话却会让脊柱持续地膨胀,从而导致椎间盘痛。最后就是健身的问题,这里问题的关键是要做"正确的"运动才能够保护你的背部。经常有一些很困惑的患者,他们认为已经很注意照顾自己的身体了,而他们身边那些貌似"完全不运动的某某"却好像一点腰背问题都没有。事实是,某人如果每天去健身却不会在运动过程中采取那些保护脊柱的技巧,便更容易发展出累积性的椎间盘损伤。重点不是说要停止运动!秘诀在于改变你身体默认的动作模式,才能既享受到健康带来的好处,又不会损伤背部。

脊柱作为人体的中轴线,其形态和功能决定了四肢活动的灵活性和力量;同时它的形态又受到所有解剖经线的影响。这时,腰椎的稳定就显得非常重要。在这里,我们推荐三个动作,改良的卷腹、侧桥和鸟狗式。改良的卷腹,它的起始位置是仰卧位,双手置于背下(掌心向下),一条腿伸直,另一条腿弯曲(脚着地),然后收紧腹部,脊柱保持中立位,头和肩小幅度轻轻抬离地面,重要的是这个过程中颈部(颈椎)和躯干下部(腰椎)尽量保持不动;侧桥起始姿势是侧卧位,膝和髋微屈,用一侧肘、髋

和腿的外侧将身体撑起；鸟狗式的起始姿势是四点支撑跪位，脊柱处于最具有复原能力的位置，控制躯干活动，确定活动只发生在髋和肩部，同时举起对侧手臂和腿，手臂不要高于肩，腿不要高于髋。

在腰椎的管理方面有些小技巧，我们要找到无痛的动作，学习那些能使你从功能上远离疼痛的姿势和动作模式。用那些没有疼痛的动作来代替导致疼痛的动作。这才是降低疼痛敏感度的真正解决方案，因为它能逐渐扩展你的活动能力范围，直至完全无痛。而且要想成功地消除腰背疼痛，就需要剔除那些会给组织带来压力的动作缺陷。避免弯腰驼背地坐着，久坐时经常调整坐姿，站立时尽量将双手背后而不是抱胸，行走时尽量快且步子大等等，这些都利于我们保护腰椎。

最后，无论是颈椎病还是腰痛的患者，我们都会对他们进行健康宣教，你们也应该知道这些。强调重视心理—行为—社会模式改变，增加对健康运动中危险因素和受益的相关知识；自我感知效果，坚持练习健康习惯的控制；对不同健康习惯投入和取得成果的期望值符合客观；可感知到疗效的促进或阻碍因素。

随着社会的发展，我们的生活方式发生了翻天覆地的变化，肿瘤、慢性骨骼肌肉疼痛等很多原先从未引起关注的问题逐渐成为焦点。有的人说因为科技的发展，我们的生活变得更加糟糕了，这也不尽然，毕竟我们的生活更便捷了，人们的人均寿命有了大幅的提高，这都与我们的社会发展密不可分。我们需要正视并接受这些问题，享受社会带来便利的同时尽己所能维护我们的健康。

幽门螺旋杆菌的困惑

王俊平

九三学社社员,医学博士、博士研究生导师、教授,现任山西省人民医院消化科主任、主任医师。享受国务院特殊津贴,山西省重点学科(消化专业)带头人。《中华内科杂志》编委,《中华医学杂志》(英文)编委,《中国内镜杂志》编委,《世界胃肠病学杂志》主编。中国医师协会全国委员、中华医学会山西消化学会主任委员,2010年获中国医师奖。发表医学论文八十余篇,国家发明专利六项。获山西省科技进步奖六项、山西省科技进步一等奖和科技奉献一等奖各一次。

对幽门螺旋杆菌的认识，也许我们的知识都是有局限的，我们今天认为它是正确的，明天也认为它是正确的吗？我想，医学永远是在探索一个未知的黑洞，所有民众对身体要求非常高，目前我认为最难认知的是生物体，我们最认不清的，就是我们自己。我们不会认识我们自身，我们所看到的，都是冰山一角。我们怎么来的，怎么走的，怎么就能长大，怎么长着长着就不长了？其实我们根本就不知道，我们研究了很多，研究的基因也很多，所以说医学的黑洞太深，人就是典型的黑洞。

所有人可能都听说过并充满疑虑，即使在专家界可能也有很多可以探讨、可以研究的内容，这就是我们常常说的胃病。它不仅仅是饮食的问题，更多的，它还有致病因子，就是幽门螺旋杆菌。

这是一个什么样的细菌？我们一起来认识它一下。

幽门螺旋杆菌在十万年以前起源于非洲，它是从非洲逐渐散发开的，是1979年由两位医学专家首次发现的，只存在于胃里。很多人都有多次的做胃镜经历，对胃的形状也有一定了解，那么这个细菌就存在于胃腔内。

放大的幽门螺旋杆菌呈长梭形，带有鞭毛。幽门螺旋杆菌完全定植于胃上皮细胞，可以引起慢性活动性胃炎。以前我们很多人有溃疡，有穿孔，现在通过治疗，都可以达到治愈。所以说每一项基础研究和发现，都是推动临床的核心动力。

1983年正式发现了幽门螺旋杆菌与胃癌的关系，我们现在可以肯定地讲，幽门螺旋杆菌是消化性溃疡的重要致病因素之一，无HP就无消化性溃疡。它是导致胃癌的因素之一，同时也是胃黏膜相关淋巴瘤的致病因素之一。所以我们研究它的重点就是要防癌防溃疡，治疗淋巴瘤。

幽门螺旋杆菌在全球的感染率超过50%，越是欠发达地区，感染率越高。这和它的卫生状况、经济状况是密切相关的。这是我们做的一个对比，发展中国家和发达国家的差距是非常大的，在中国的感染率初步统计达到8亿多，在印度达到9亿多，印度的卫生状况比我们差。在我国的调查中，感染率最高的是西藏，达到80%多，山西的感染率是58%，上海、北京都在58%左右，最低的就是广东。

儿童期也会感染幽门螺旋杆菌，感染以后老是胃疼，这也是我们面临的现实问题。幽门螺旋杆菌除了和胃癌、溃疡有关系，还和息肉有关系，它不是癌，它就是增生，在这个增生过程中，很多都是由幽门螺旋杆菌引起的。我们不需要开刀，也不用做胃镜，在对它进行根除治疗后，有些小的息肉会消失，所以我们不必把它看得太恐怖，也不必太紧张。那么是不是所有的人感染幽门螺旋杆菌都有明确的症状呢？也不是。临床医生最看重的是十二指肠溃疡，我们要进行积极的治疗。

1994年，国际癌肿机构把幽门螺旋杆菌（HP）列为 I 类致癌因子。除此之外，它还和胃以外的很多病有关系，比如皮肤病、血液病，还有代谢性疾病、呼吸疾病，这都是我们研究的领域，都有一定的相关性，所以很多血液病的病人也来做幽门螺旋杆菌的检测，这就是大概状态和我们对它的初步认识。

第一个就是我们的消化性溃疡，包括十二指肠球部溃疡和胃溃疡，它的发病因子不一样。还有MALT淋巴瘤、萎缩性胃炎。幽门螺旋杆菌是引起萎缩性胃炎的原因，没有什么药物能够把萎缩的东西扩大，我们能够把胃切掉吗？不可能。医生的手段是可以把一个肿大的东西拿掉，很少能把一个缩小的东西变大，这就是医生的困惑。很多人讲，肝硬化了，你可以把肝切掉吗？你就一个肝。此外，有一些全胃切除的病人，还有胃癌家族的病人，所谓"胃癌家族"，是指你生的和生你的，三代以内，他们在很年轻的时候就得了胃癌，这个要高度重视，如果你的爷爷奶奶90岁得的胃癌，一定情况下细胞蜕变会形成癌症，不一定是幽门螺旋杆菌引起的，这种情况下不需要过度紧张。还有就是患者的期望，有心理上的障碍和压力，很多病都是心理上的压力大，这种病人在我们门诊的比例非常大。还有就是其他胃部疾病，比如功能性消化不良，还有长期吃一些关节疼的药物、阿司匹林等引起的溃疡。任何一种治疗，任何一种方法都是有正反两方面的作用，阿司匹林引起消化道出血就非常多。

我们现在研究的选题都是和医学进展密切相关的，2015年"京都共识"中全球的顶级专家达成一个意见，幽门螺旋杆菌相关的胃炎是感染性疾病，它的感染源就是幽门螺旋杆菌，有些病人需要治疗，有些病人需要跟踪，我们要检测它，知道什么是幽门螺旋杆菌，你有没有感染，感染以后会引起哪些疾病。

是不是所有的感染者都会引起活动性胃炎？有的可以，有的不一定。这里面有很多因素，哪些胃炎一定要治疗？衍生在胃部的小隆起非常毛糙，和幽门螺旋杆菌是密切相关的，我们要进行根除治疗，治疗以后效果非常好。一般来讲，我们有些急性胃炎，也有一些慢性胃炎，仅仅不到1%的病人会向胃癌转化，不到10%的病人可以形成溃疡。这里面是两个概念，就是说90%的溃疡病人有幽门螺旋杆菌感染，那么有幽门螺旋杆菌感染的病人不到10%有可能发生消化性溃疡，并不是说有幽门螺旋杆菌感染就一定会得消化性溃疡，所以说不要把大家引入歧途。这和你自身的生活规律、生活习惯，还有你自身的条件都是密切相关的。

同时，幽门螺旋杆菌胃炎也是消化不良的一种疾病状态，或者是在消化不良的过程当中表现出的形式，幽门螺旋杆菌感染胃炎是一个特殊群体，它可导致部分病人消化不良的症状，要是有消化不良的症状，应该去查幽门螺旋杆菌。我们在这样一个认知的程度上，不要走得太偏激。当然也有很多人没有任何症状。幽门螺旋杆菌带有鞭毛，可以引起慢性胃炎，但慢性胃炎病因非常多，引起的胃肠道功能性疾病也非常多。比如长期吃阿司匹林，或者关节疼吃药所导致，在这种情况下，它也能加重胃部消化不良的症状，加重球部溃疡的出现。

我们在宣传当中，最重视的一点就是胃癌，这是医生和广大民众共同需要做的一件事，在幽门螺旋杆菌发现以前，日本的胃癌病人非常多，后来他们进行了很好的教育和宣传，现在胃癌的发生率非常低，并且它治疗的方式和政府的政策完全不一样,早期病人政府完全支持治疗,晚期病人政府的支持力度是非常小的。我们知道,癌症并不可怕,可怕的是你没有发现早期胃癌。所以他们鼓励早期做检查,早期做治疗,这个和我们中国的政策恰恰是相反的。得了癌症不怕,只要是早期的,可以治愈它,治完以后和你正常没有得癌症的人是一模一样的,所以癌症要早发现、早治疗,不要拖到晚期。

2015年中国科学院有个统计,全国的恶性肿瘤新发病例429万,其中在前五位癌症中,第一位就是肺癌,胃癌、肝癌、食管癌、结直肠癌紧随其后。女性里面,第一位是乳腺癌,肺癌、胃癌、结直肠癌、食管癌随后。这是我们面临的现实,我们一个国家一年的发病率有这么高,平均每天新发病例1.2万,一旦这个数据拿出来,全世界都是震惊的。医生这个职业就是走在生死线上的职业,我们每天都要面临很多病人的死亡,所以说对于一些晚期病人,必须要有一个正确的认识,明知不可为的事情,就不要去为之。60岁以下的病人肝癌的发病率和死亡率最高,胃癌和肺癌的话,60岁以上的病人非常高。实际上我们医生没有年龄和性别的概念,男性都可以患乳腺癌,我们还曾看到几岁的孩子患有肝癌的情况。

是不是有幽门螺旋杆菌一定得胃癌?是不是幽门螺旋杆菌是引起胃癌的唯一原因?肯定地说,不是,得癌症,一定是多重因素造成的。在我们专业领域的说法,癌症的发生是多基因、多因素、多病种的综合因素形成的,这里面的因素就包括了遗传因素,基因有没有突变,如每天是在照射状态下,会引起DNA的突变,就可以变癌。还有饮食,每天摄入高盐、高糖的饮食,每天喝很烫的水等等,我们中国人的饮食文化就是喝热的,喝凉的怕受寒,其实超过60度的水,国际卫生组织也把它定为一个致癌因子,因为长期在热的环境下刺激,细胞会蜕变,所以喝水不要太烫,喝凉开水就是很好的饮食习惯。很多人都不能接受,说喝凉水就拉肚子,我说我做医生,每天没时间喝热水,天天喝凉水,这也是一个生活习惯。所以我们要尽可能戒除不良的生活习惯。除了幽门螺旋杆菌,还和年龄、不良嗜好、生长环境等因素有关系,所以说幽门螺旋杆菌和胃癌的关系不是单一的，而是多元的。

幽门螺旋杆菌是致癌因素，我们要把它根除，进行手术治疗，我们根除治疗它以后，可以有效降低胃癌的发病率。针对幽门螺旋杆菌我们说了这么多，如何去诊断它？我们有很多方法：

首先有侵入性的，比如胃镜，对一些胃的组织做活检，然后我们可以找到病理，做一些染色，在显微镜下把它放大，找到这些细菌。人的视力是有极限的，我们可以把它放大。还有分子生物学方法，可以培养，但它的成本非常高，仅限于我们研究使用，不可以作为临床来做，临床的方法要求是简单、快捷、廉价、可重复，研究不是这样，研究需要确切、可重复，不能考虑时间。但我们不可能让一个病人为了做一个检查而等一个月，病人恨不得一分钟就有结果，第二分钟就可以治疗好。

此外，还有非侵入性的，就是血清学检测，我们最多的是呼气实验，可以提前做，不必造成过度恐慌。还有通过粪便做检测，这就是我们的检测方法。我们现在用得最多的，主要是呼气试验，通过分解尿素为二氧化碳，通过肺把它呼出来。我们的检测现在非常廉价，也非常方便，最重要的是没有任何伤害。以前我们感觉很困难，现在基本是普及性的了。但有些病人会出现假阴性，有些患者会出现假阳性，如果刚吃完阿莫西林的患者就做幽门螺旋杆菌的检查，做出来的结果是假的。刚吃完抗生素就去做，是错误的，不要着急，要停药两周以上，最好四周，再去做。所以检测时间很重要。

对幽门螺旋杆菌的认识，也许我们的知识都是有局限的，我们今天认为它是正确的，明天也认为它是正确的吗？我想，医学永远是在探索一个未知的黑洞，所有民众对身体要求非常高，目前我认为最难认知的是生物体，我们最认不清的，就是我们自己。我们不会认识我们自身，我们所看到的，都是冰山一角。我们怎么来的，怎么走的，怎么就能长大，怎么长着长着就不长了？其实我们根本就不知道，我们研究了很多，研究的基因也很多，所以说医学的黑洞太深，人就是典型的黑洞。

如何来预防和治疗幽门螺旋杆菌？幽门螺旋杆菌是怎么感染的？

我经常看到一些老人来做检测,都七八十岁了,为什么还要做检测?他说我不怕死,我怕传给我的孙子,我怕他出问题。那么我们就要认识,幽门螺旋杆菌是怎么来传播的。传播的途径有几个,粪—口传播,口—口传播,还有水源,使用公共厕所,接触性传播。我们以前喂养孩子,口对口喂养,还有的手部卫生做得不好、共用牙刷等等,这都是原因。如果要治疗,那么就规范治疗,要么就不要治疗,否则的话,抗生素达到泛滥的程度,形成耐药性,就没办法治疗疾病。所以在医院你们要用抗生素很难,不能随便使用。所以说,唯一的希望是疫苗,我们中国研究了一些,但临床不是很成功,以前老一代的人都知道有麻风病、有鼠疫,你现在能看得到吗?靠吃药,靠抗生素都不行,这就是疫苗的功劳。

如何预防感染幽门螺旋杆菌?我们要改变用餐方式,要选择分餐制,或者使用公筷;另外,不喝生水。我刚才说的喝凉水,不是说喝生水,要喝干净的水;还有食物存储的时间不要太长;家长要改变对婴幼儿口对口喂食的习惯;要做到饭前便后洗手。

说到洗手,我们大家每天都在洗,大家会洗手吗?我今天请护士小姐给我们做一个洗手的示范。

我们护士上岗培训,第一节课就是如何洗手,医生上岗第一件事也是如何洗手,手是创造万物的核心,也是创造疾病的路径。

护士:不良的生活习惯,也是不良的卫生习惯,现在咱们在全球各国,都对手卫生相当重视,尤其我们今天讲的幽门螺旋杆菌,刚才王主任讲了,口口传播、粪口传播,我们天天都在洗手,但是都没有做到正确地洗手,如果你会正确洗手,很多幽门螺旋杆菌可能就会洗掉,把传播的第一道关卡住。

首先要用流动的水洗手;第二,洗手液一定是正规的产品;还有就是洗手以后用什么样的布来擦手也很关键,无论用纸巾还是毛巾一定是干净的,水温也要适度,水流不要太大。

把洗手液挤到掌心,五指并拢,然后掌心相对,来回互相摩擦、揉搓,摩擦五到六次,不要少于15秒,这是洗手心的方法;洗完手心洗手背,两只手互相交换,手心对住另外一只手的手背,然后互相手指交叉,交叉以后顺着你的手指向前摩擦、揉搓,洗五到六次,一般不低于15秒,然后再换手,而且使用洗手液一定要充分;洗完手背了,还要认真洗手指缝和侧面,手指交叉以后不停地来回揉搓,还是五到六次,不少于15秒;洗完手指缝了,手指尖是最关键的,而且还有指甲缝,指甲平常一定要勤剪,把右手五指并拢,放到左手的手掌心,揉搓五到六次,不少于15秒,得有一定的力度,然后再换另外一只手。觉得洗手液不够还可以再打一点;洗完手指尖,还需要洗大拇指,握住搓,也是五到六次,再换手;还有哪儿没洗? 手腕。我们要沿着手腕往上洗五公分,所以袖子一定要挽起来。洗完以后用温度适中的水把它冲洗完,然后晾干,或者用一次性的纸巾,尽量不要去烘干,因为烘干以后,会把手上部分的水分丢失,造成皮肤干燥,到了冬天皮肤就会变粗糙。

洗手很重要,新加坡的卫生搞得非常好,他们有100多万人口,针对洗手的观念培养了十年。而我们其实并不真正会洗手这是第一个问题;第二,吐痰很随便。

我们每一个新员工第一天上岗首先训练洗手,然后就是怎么穿衣服。你到我们病房,每一个科室都有消毒液。陪侍人员是一个重要的传染途径,医院病人很多、很拥挤,有时候为了减少院内疾病的传播,就是依靠消毒和洗手。另外,就是不要随地吐痰,洗手洗不好危害的是自己,吐痰危害的是别人,所以我们既要不随地吐痰,也要洗好手,我们必须进行广泛地普及,今天借助这样一个环境,把我们洗手的能量传播出去,这都是最基本的卫生知识。

现在回归到幽门螺旋杆菌的话题,早期胃癌和幽门螺旋杆菌是什么关系? 当今时代胃癌的发生率是非常高的,每天有1095人被确诊为胃癌。在我们科每天都有,没有哪一天是没有胃癌的,每天有959例病例因为胃癌死亡,数据非常庞大。

胃癌是如何形成的?我们正常胃黏膜出现浅表性胃炎,浅表性胃炎引起肠化生,进而异型增生,最终导致胃癌。每一个环节都需要很长的时间和周期,比如像异型增生到胃癌的发病率不到1%,你每天吃很多硬的食物、辣椒等刺激的食物,不可能没有胃炎,我们看新生儿的胃就是粉嫩的,没有胃炎。还有一些萎缩性胃炎患者发病年龄比较大,50岁左右就发生萎缩性胃炎的要高度重视,如果你已经80岁,我觉得就没必要担心了,因为你的身体也在萎缩,这个跟年龄也有关系,它是多元的因素,不是唯一的因素。我给大家讲的时候,我们普及知识不能片面,它有这些遗传因素,还有不良饮食习惯的因素,比如爱吃腌制品,我们以前都吃腌咸菜,那肯定都含有致癌物。

消灭胃癌,现在可能,而且可行。这个可能和可行就包含了两个方面的因素。第一个,我们要预防,要检测你有没有胃癌,有没有幽门螺旋杆菌感染;第二个可行,就是说你检测到幽门螺旋杆菌的时候,要去做胃镜,以便发现早期胃癌。

哪些条件是胃镜筛查的对象呢?第一个,年龄大于40岁,男女不限。我们现在做胃镜检查非常舒适,没有那么多痛苦;第二个是胃癌高发地区,山西部分地区就是高发地区,高平、阳城、陵川等等,这都是高发地区;第三是幽门螺旋杆菌感染者;第四是患慢性萎缩性胃炎、胃溃疡、胃息肉、残胃、肥厚性胃炎、恶性贫血等胃癌前疾病;还有胃癌家族史的,一级亲属(你生的和生你的)中患胃癌,我经常看到一个人得胃癌,一家子做胃镜,这是正确的行为;还有其他高危因素,经常食用高盐、腌制食物等等。

胃镜是诊断早期胃癌的重要方法,我们要细看,正常的胃黏膜很清晰,黏膜很光滑。很多人都做过胃镜,上面带着泡沫什么的,这种质量不行,一定要清洗干净。大家不必对做胃镜和肠镜检查有恐惧心理,现在都是舒适型的,有的人不想做无痛的,就做普通的,其实都能耐受。做胃镜和肠镜本身不痛苦,而在于你心里的恐惧。我们消化科医生叫"无孔不入",我们现在做胆囊手术都不经过肚子开刀,经过肚脐眼就做了,医疗技术的发展非常迅猛,所以没必要恐惧它。

在我们科里,胃镜质量是第一位的,不能糊弄病人,哪怕有一片泡沫必须要免费重做。我们的要求非常多,这使我们的胃镜做出来非常标准,漏掉的病症很少。早期的胃癌,我们把它做一个标定,一片片把它剥离,那么这个胃癌就治好了。专业术语叫"黏膜剥除",我们叫它"治愈",就是说彻底没有了,被治愈的患者可以和正常人一样生活。像我手里面患结肠癌、胃癌的病人治愈后存活了十几二十年的都有,所以感觉有问题要早期来做。

我们要求的胃镜手段是很高的,当然这里面有一个硬件需求,硬件是很重要的,老式的胃镜看不清楚,就和望远镜一样,清晰度是不一样的,我们医院的设备更新相当快,我可以肯定地说,消化科的胃镜设备更新永远和世界一流接轨,不要弄出含含糊糊的事情,不可能,不可以,也不行。

比如一个小溃疡,检查时很容易漏掉它,它可能就是胃癌。癌症高分化就好,低分化就不好了,这个太专业,我就不讲了。我们要充分利用胃镜技术,现在有很多方式,有超声内镜,是1000万一条,可以看到黏膜下的东西,黏膜上面有一个隆起,那么它的下面是什么?我们把超声的技术融到胃镜里面,这样做下来,我们就知道黏膜层这个有问题。还有我们放大内镜。我们的筛查流程非常多,也非常复杂,比如化验血,做一个呼气等等。所以说医疗非常复杂,我们提倡的口号是"发现一例早癌,救人一命,救一个家庭,幸福一家人",早期发现远远比晚期治疗更为重要。

大家知道幽门螺旋杆菌是在哪个地方生存的细菌吗?胃里。

它最重要的能引起哪些疾病?和哪些疾病相关呢?第一,溃疡,这是最重要的;第二,活动性胃炎;第三,胃癌。我们所有的努力,都是尽可能地发现早期胃癌,而不是发现胃癌。晚期的病例对医生一筹莫展,对病人措手不及,对家庭是毁灭性的。早期毫无症状,任何早期疾病都没有症状,早期疾病的最大症状就是无症状。有了症状的病人,一般都不是早期。如果出现黑便,一定要做胃镜,我们医生要亲自看大便,医生就能判断你是不是出血，还有少量出血的，肉眼看上去正常的，但是我们也需要化验。我们是小问题都到大医院，大问题找不到医院，因为医生的资源是有限的。

感谢大家一上午的聆听，谢谢大家！

我们希望每一个人都健康，也希望我们所有知识的普及，能够给我们每一个人带来更大的帮助，也希望每一个人都梦想成真，使我们的身体永不生病，我们的希望是医院没有患者，我更希望我能够失业，谢谢大家！

解读中国居民膳食指南

——吃出来的健康

邱服斌

九三学社社员,山西医科大学公共卫生学院副院长,硕士生导师。研究方向是营养与慢性疾病、肠道微生物与健康。邱服斌教授近年来发表学术论文七十余篇,其中被SCI收录论文六篇,北大中文核心期刊收录二十余篇。从我国传统中药材人参中发现细菌新种三个,为NCBI提供DNA序列一百余条。目前主要从事营养与慢性防治工作的研究。担任中国营养学会常务理事、山西省营养学会理事长、中国学生营养与健康促进会理事。

世界卫生组织在 1946 年提出：健康是身体、心理和社会适应能力三方面的完好状态。这和大多数人理解的健康意义不太一样。我们通常认为只要身体没有毛病就叫健康，这其实是不完全的。真正的健康除了身体上的健康以外，还包括了心理和社会适应能力这两个方面。1989 年世界卫生组织深化了健康的概念，除了包括身体健康、心理健康、社会适应能力三方面，又提出了道德健康的概念。这也就是说我们的健康应该包括生理、心理、社会和道德四个层面。

各位朋友，大家上午好！今天跟大家分享"中国居民平衡膳食指南——吃出来的健康"。

随着人民生活水平的提高、国力的增强，国家越来越重视健康和营养。2016 年 8 月 26 日，中共中央政治局召开会议，审议通过了"健康中国 2030"规划纲要。在会议上，中共中央总书记习近平主持会议。总书记强调"没有全民的健康，就没有全面的小康"。在 2017 年的 3 月 17 号，中共山西省委、山西省人民政府正式出台和印发了《健康山西 2030 规划纲要》；4 月 8 号省委宣传部召开新闻发布会正式向社会公布了"健康山西 2030"的规划纲要，说明山西省人民政府对山西人民的健康也非常关注；2017 年 7 月 13 日，国务院正式印发了《国民营养计划（2017—2030）》，再一次表明营养工作越来越受到中央政府的重视。

《国民营养计划 2017—2030》里面具体提出了七项策略和六项行动。七项策略包括：

1. 完善营养法规政策标准体系；

2. 加强营养能力建设；

3. 强化营养和食品安全监测和评估；

4. 发展食物营养健康产业；

5. 大力发展传统食养服务；

6. 加强营养健康基础数据共享利用；

7. 普及营养健康知识。

今天能够在文源讲坛上对营养健康知识进行传播就是对我们"国民营养计划2017—2030"具体落到实处的体现。

国务院还提出了六项具体行动：

一是生命早期1000天营养健康行动。遗传学研究表明，一个人的健康除了遗传以外还受到环境的影响。这也就是说生命早期1000天的环境对日后健康的影响作用很大，比如低出生体重儿和肥胖儿是未来慢性疾病高发的人群。

二是学生营养改善行动。我们国家每年拿出数百亿元来改善农村儿童的营养健康问题。山西省21个贫困县的学生原来是每人每天营养补助3块钱，后来补到了4块钱，可见山西省政府对贫困地区儿童的健康非常重视，这是我们关于学生营养的改善行动。

三是老年人群营养改善行动。我们国家的老龄化越来越明显，老年人的健康越来越受到社会的重视，所以下一步关于老年人群的营养改善计划，也是营养工作的重中之重。

四是临床营养行动。大家知道得病以后就会到医院，大夫会让大家吃药治病，但药物仅能解决短期的健康问题，身体的康复最终靠的是营养。可是很多患者缺乏营养健康意识，最后并不是死于疾病，而是死于营养不良。据不完全统计，70%到80%的死亡病例都是营养不良导致的。

五是贫困地区营养干预行动。我国贫富分布不均匀，贫困地区存在着比较明显的营养不良问题，因此国家提出了贫困地区营养干预行动，旨在尽快改善贫困地区的膳食结构，减少营养不良人群。

六是吃动平衡行动。这也是今天我要讲的重要问题，即提倡大家要"管住嘴，迈开腿"，吃动要平衡。

一、关于健康

2017年7月12日，央视著名主持人肖晓琳因病去世，关注健康又成为热点话题。那什么是健康？大家理解的健康和科学的健康观有什么区别？判断的标准是什么？

世界卫生组织在 1946 年提出：健康是身体、心理和社会适应能力三方面的完好状态。这和大多数人理解的健康意义不太一样。我们通常认为只要身体没有毛病就叫健康，这其实是不完全的。真正的健康除了身体上的健康以外，还包括了心理和社会适应能力这两个方面。1989 年世界卫生组织深化了健康的概念，除了身体健康、心理健康、社会适应能力三方面，又提出了道德健康的概念。这也就是说我们的健康应该包括生理、心理、社会和道德四个层面。

那么影响健康的因素又有哪些呢？根据研究发现，影响健康的因素主要有四个方面，一是生物学基础因素，即遗传因素，也就是父母给的这个因素，这个因素对我们的影响有多少？15%；二是环境因素，比如雾霾、噪声、室内装修污染等等，这些都是环境因素，对我们的健康有多大的贡献？17%；还有卫生保健设施，就是医疗条件的改善，对于健康的影响是 8%；最后还有 60%，这个大头是什么呢？是生活方式。

一提到生活方式，其实就包括了我们的衣食住行。在这个衣食住行中，食和行与健康的关系更加密切。也就是说，有些因素对我们健康来讲是改变不了的，比如遗传因素。有人说能改："我被领养了，不是就改父母吗？"但是他的遗传因素是改不了的。还有一些是通过个人的努力比较难以改变的，比如环境因素：冬天的 PM2.5 通过个人的能力是改变不了的。虽然它某种程度上可以得到小幅改善，比如家里安一个净化器，但那是局部的环境，大的环境仍然是改善不了的。因此说这些因素是我们通过个人的努力难以全面改善的。

但是在影响健康的因素中，60% 的生活方式是可以改善的，是可以由我们自己来决定的，比如说通过我今天给大家讲怎么去科学、合理地饮食。我们中午买什么菜、吃什么饭是由自己来决定的，不需要向谁去汇报，听了这个讲座，会更科学地指挥筷子的方向。生活方式中还包括行的问题。现在我们的运动越来越少了，交通发达了，相信有一部分人平时的出行多半靠车。了解了生活方式对健康的重要性，您可以选择出行靠腿，这是没有人管您的。因此我们的生活方式通过个人的努力是可以改善的。

世界卫生组织在1992年的时候提出了维多利亚宣言，其中包括健康的四大基石，这四个基石对于健康来说非常重要，一是合理膳食，说明了合理膳食多么重要，占首位；二是适量运动，大家一定要注意，我们提的是"适量运动"，一会儿我要告诉大家运动是有技巧的；三是戒烟限酒；四是心理平衡，这就是我们健康的四大基石。

一个人从健康到疾病需要一个过程，最早是处于比较危险的状态，最后到体内发生一定的改变。首先改变的是什么？是我们体内血液成分的变化，累积到一定程度就会表现出来（疾病状态）。从健康到疾病的过程中有一些阶段是可以进行干预的。

大家都知道山西医科大学最早成立的两个研究方向，一个是临床医学，它培养出来的大夫是给大家看病的；还有另一个最早成立的学科叫预防医学，这是治什么的？治未病的，就是在还没有得病前防止得病。预防医学主要是干预我们得病前这么一个阶段，也就是说出现临床症状前，是可以进行干预的，有事半功倍的效果。那么出现了临床症状，到了住院阶段，这时候的干预其实是事倍功半的。所以说，我们在没有得病前，就应该未雨绸缪，到了得病的时候再治疗就为时过晚了。

二、中国居民营养与慢性病状况报告

我们中国居民现在的营养状况如何？慢性病的情况如何？在2015年6月30号，国家卫生和计划生育委员会发布了中国的慢性病状况报告。我国居民膳食营养和体格发育的现状是什么样的呢？膳食提供的能量能够达到人体对能量的需要，体格发育和营养的状况总体得到改善。曾经有一段时间，人们说日本孩子的发育速度比中国孩子快，这是什么原因？虽然中国孩子们的营养不良是普遍存在的，但是随着我们经济的发展、膳食的改善，能量的摄入不仅能够达到需要，而且还超出了需要。比如我们成人每天平均能量摄入2172千卡，日本是2000千卡；蛋白质的摄入达到了每人每天平均65克，基本上可以满足日常需要。但是每个人对能量和蛋白的需求是不一样的,从营养学的角度来讲,65克是一个平均值,具体应该是多少?可以按照自己的标准体重初步估算出来,标准体重就是用身高减去105,比如标准体重是60公斤的人,一天60克蛋白质就OK了,如果标准体重是75公斤,那么就是75克,这是简单的估算。

脂肪的摄入每人每天是80克,如何理解呢? 1克脂肪提供能量是9千卡,80克提供的能量是720千卡,超出了每天平均能量摄入2172千卡的30%,什么意思呢? 说明脂肪的摄入是过量的,因为每天脂肪摄入占到总能量的20%到30%是比较合理的。也就是说,2172千卡的20%,约420千卡,如果按照每天脂肪提供450千卡计算,除以脂肪产热系数9,那么每天50克脂肪保底;脂肪提供的能量最多不能超过总能量的30%,粗略算一下,也就是不要超过75克(2172乘以0.3再除以9等于72.4克,约为75克),这样的话,就是说我们人均的脂肪摄入量,高于我们推荐的需要量。

碳水化合物每人每天300克,这个量基本符合要求,所以说,我们居民膳食营养状况的总体改善,三大营养素是充分的,能量需要是可以得到满足的,这是我们总体的状况。

因为能量和蛋白质的增多,大家会发现,我们的身高是有所增长的,当然,有所增长主要是指发育中的儿童和青少年,我们成人不仅不可能长,而且还有可能缩回去,但是计算身高增长率时的公式,我们成人的数据是作为分母,孩子是作为分子的,整体来说,看到了一个全面的发育状况。因为能量摄入过高,导致了体重也有所增加,并且这个增加比我们身高增加的速度还要快,用什么指标来反映身高和体重的关系呢? 一会儿给大家介绍。

我们国家各地区因为经济发展水平不同,有农村、有城市,营养的状况也是不一样的,所以在我们国家,既存在着营养不良,也存在着营养过剩。成人营养不良率2002年的时候是8.5%,2012年的时候是6.0%,儿童生长迟缓率有所下降,消瘦率也在下降,同时其他的疾病,特别是贫血的发生率也有所改善。

我们的膳食结构也有变化，但是带来了超重和肥胖的问题，粮谷类食物摄入量保持稳定，总蛋白质的摄入基本持平，优质蛋白质摄入量有所增加，什么叫优质蛋白质呢？就是说食物中的蛋白质和人体需要的蛋白质的模式基本一致，也就是说能满足人体需要的蛋白质，这就叫作优质蛋白，建议优质蛋白应该占到全天蛋白质摄入总量的1/3以上。刚才我们已经知道，蛋白质平均每人每天摄入量是65克，65克的1/3是多少？约21克，也就是每天至少应该达到的优质蛋白的量，怎么来保证？哪些食物含优质蛋白？首先是鸡蛋，一枚鸡蛋含蛋白质12%到14%，保守地讲，吃一枚鸡蛋可以提供6克的优质蛋白质；其次是牛奶，纯牛奶的蛋白质含量是3%，如果按一盒牛奶250毫升，乘以3%是7.5克，加上一枚鸡蛋的6克，共13.5克的优质蛋白，但是能不能满足每天21克的优质蛋白需要？不能满足的，还差7.5克优质蛋白怎么办？有人说吃肉行不行？我们很多人认为肉中蛋白质含量是最高的，不一定。肉中的蛋白质通常含量是10%到20%，如果吃的是纯瘦肉，大概是20%，如果吃的是肥肉，大概是10%，如果吃肥瘦相间的肉，大概是15%，也就是说吃50克不肥不瘦的肉可以补充差下的7.5克优质蛋白（50克×15%=7.5克）。

在补充优质蛋白方面大家经常会误解的一个问题是，认为肉奶蛋是含蛋白最高的，其实不然，蛋白质含量最高的食物不是我上面所说的肉奶蛋，那是什么呢？大豆类，包括我们经常食用的黄豆、黑豆和青豆，大豆的蛋白质含量高达35%以上，但是直接吃不方便，并且消化吸收率也不高，所以我们把它做成豆制品，这样消化吸收率可达90%左右，这些豆制品主要包括平常吃的豆腐、豆腐干、豆腐皮、素鸡、腐竹等等。

豆制品的好处很多，一方面，如豆腐的蛋白质含量可以达到7%到8%，另一方面吃豆腐比吃畜禽肉对三高来讲更安全。对于老年人，随着年龄的增加，血脂代谢可能会发生异常，吃鸡蛋也好，吃肉也好，都会担心血胆固醇会增高，但是如果吃豆腐，就不用担心了，因为豆腐中是没有胆固醇的，所有植物性食物中都没有胆固醇，只有类似胆固醇的物质,这种物质和胆固醇不是一回事,它非但不升高血胆固醇,相反可以降低血胆固醇,所以我们可以多选择大豆类食物,来弥补优质蛋白质的不足。

现阶段,我国居民豆类和奶类的消费量依然偏低,2002 年我国居民年人均奶类的消费量仅十几公斤,美国人平均是多少? 平均每人每年 160 多公斤,什么概念? 不到美国人的 1/10,这会带来什么样的问题呢? 一是蛋白质的摄入会存在问题,二是钙的摄入不足。随着我国人民生活水平的提高,健康理念的提升,2016 年人均奶类消费量达到36.1 公斤。

因为膳食结构的不平衡,导致了肥胖发病率增高,同时导致了钙、铁、维生素 A、维生素 D 等营养素缺乏依然存在,"依然"二字以前就存在,现在还存在,如果不调整,将来仍旧存在,所以我们营养工作者在这方面非常着急,因为大家都还不是很清楚该怎么去补充这些缺乏的营养素。

在食盐方面,我国居民平均每天烹调用盐量 2002 年是 12 克,2012年是 10.5 克,用盐量越高,患高血压的风险越大,我们国家建议每人每天盐的用量是多少呢? 6 克。世界卫生组织盐的限量是 5 克,为什么不一样? 1997 年的中国居民膳食指南就提出了盐应限制在 6 克以下,虽二十年过去了,盐的人均摄入量下降并不明显,在 2016 版中国居民膳食指南修订时考虑到我国国情,所以盐的摄入限量未做调整。

刚才讲过了能量的摄入不仅能够满足需要,而且还超出了需要,所以超重率和肥胖率逐年在增高,女性比男性的肥胖率要高。儿童和青少年超重率原来是 22.8%,现在增加到 30.1%,其中女生肥胖率提高了 6.4%。

接下来是慢性疾病,又叫"慢性非传染性疾病",新中国成立初期生活贫困,防的是传染病,随着生活水平的提高,传染病的发生率降低了,非传染性的慢性疾病却提高了,这些非传染性慢性病与生活方式是最为密切的。2012 年全国 18 岁以上成年人,高血压患病率是25.2%,也就是 18 岁的成人中,4 个人中就有一个高血压患者,在这些高血压患者中有2/3的人存在两个问题，一是知晓率低，自己不知道自己是高血压患者，有些人可能一生都不去体检，一辈子都不知道自己有高血压；第二个问题是知道自己是高血压，但是认为高血压没关系，死不了人，不用管它。但是要告诉大家，高血压不可怕，可怕的是其并发症，由高血压引起的心脑血管疾病的死亡率是最高的，占到了首位。此外，糖尿病也是一样的道理，我国糖尿病患者占到了9.7%，10个人中就有一个糖尿病人，但由于缺乏健康意识，认为糖尿病没什么可怕，结果导致了大问题的出现比比皆是。例如2000年的时候，我有个亲戚住院，同病房的一个老同志就是糖尿病患者，在早晨锻炼的时候，电线杆旁边有固定电线杆的角铁，下面伸出来一部分，他夏天锻炼，穿的是凉鞋，一下子把大脚趾给碰伤了，一个月没好，又感染了伤口，去了山大一院，才知道大脚趾的骨头已经坏死，就是因为糖尿病。所以，对于慢性病不能马虎，要尽早预防各种并发症。

刚才讲到心脑血管病死亡率是占到首位的，2012年全国居民慢性病死亡率占总死亡人数的86.6%。大家看到，标化处理后，除冠心病、肺癌等少数疾病死亡率有所上升外，多数癌症、慢性阻塞性肺病、脑卒中等慢性病死亡率呈下降趋势，心脑血管病的死亡率是癌症死亡率的两倍，所以心脑血管病比癌症还可怕。

关于吸烟，15岁以上人群吸烟率达到28.1%，男性吸烟率更高，高到什么程度？52.9%，二手烟也比较高，72.4%，有人说二手烟危险吗？前段时间有个朋友，他的母亲在煤炭医院检查的时候，大夫说她肺部不太好，有点儿问题，这个朋友就跟我说能不能到山大一院确诊一下，我给他找了一个呼吸科的专家，呼吸科的专家看了看问她吸不吸烟，他妈妈说自己不吸，但丈夫和儿子吸烟，女婿也吸烟，所以她照样处于一个呼吸系统的高危状态。因此，吸烟不仅危害自己，而且也会危害家人。

关于饮酒，饮酒者中有害饮酒率为9.3%，也就是说，不是所有的饮酒行为都是有害饮酒，只有9.3%是属于有害饮酒，即过度饮酒。

而经常锻炼的人，大家会发现只占了18.7%，我们医科大学有个小操场，每天锻炼的人不少，我说你们去数一数，其中有多少个是学生在锻炼？其实绝大部分都是成人在锻炼，在成人中，又有多少是在岗的呢？有一部分是，但是有很大一部分是离退休的，中青年人的运动情况堪忧。

三、膳食与慢性病

通过了解吃的因素和慢性病的关系，重点给大家介绍心脑血管疾病和膳食的关系。

含饱和脂肪酸和反式脂肪酸的食物是增加心血管病风险的，含不饱和脂肪酸的食物是可以降低这种风险的。什么食物含饱和脂肪酸高呢？营养上有一句话叫"四条腿的不如两条腿的，两条腿的不如没有腿的"，说的就是饱和脂肪酸的含量，畜禽类的饱和脂肪酸含量远高于鱼类，饱和脂肪酸过高，心脑血管疾病的风险就越大。四条腿的牛羊猪等畜类肉饱和脂肪含量高，这些油如果放到常温下，是固态的，我们以前叫"炼油"，炼出来以后是液体的，放一会儿就凝固了；但是鱼油，尤其是深海鱼油和植物油饱和脂肪酸含量低，常温下是液体的；所以越容易固化，饱和脂肪酸就越高，而饱和脂肪酸超标恰恰就是增加心血管病风险的。

第二个是反式脂肪酸，我们中国人每天很重要的任务，除了工作睡觉以外，很大一部分时间就是做饭，但是到了国外，特别是欧美国家，他们做饭的时间比较少，所以买回去的很多都是成品和半成品，因此欧美国家很早就在研究怎么提高成品和半成品的保存时间，或者说保质期，他们一开始也是和我们山西人一样，打月饼的时候用植物油，存放时间长了以后味道就不好了，那怎么办呢？就通过化学加氢的方法人为地对天然植物油进行改良，加氢后产生反式脂肪酸，使食物的保质期更长，口感更加酥脆。就这样反式脂肪酸在西方国家的加工类食品中就广泛使用了。我们国家改革开放以后成品半成品也多了，饼干、面包、煎炸食品、包装类食物中反式脂肪酸含量都比较高。包括一些饮料中也会含有反式脂肪酸，例如"奶茶"。有的食品上面不会写反式脂肪酸,但是会写"人造黄油""植脂末""起酥油"等,这些油中反式脂肪酸的含量就很高,它会提高心脑血管病的发病率,其危害远大于刚才我们谈到的饱和脂肪酸。

而鱼肉、鱼油中含的不饱和脂肪酸对人体健康是较好的,且还有丰富的卵磷脂,可以帮助胆固醇代谢,所以建议大家多吃深海鱼类。

心脑血管病还有一个重要的致病因素就是钠,除了钠盐,还有味精。有人说我改吃鸡精了,鸡精中照样也有钠,所以大家会发现,包装食品中要求标明钠的含量,建议钠每天限制在2000毫克。

还有一些食物中的有益因素,其中包括钾,建议大家可以选购"低钠盐",就是用30%的氯化钾替代了食盐中的氯化钠,降低钠的同时,补充了钾,有助于预防高血压。

另外是水果、蔬菜,它们有预防心血管疾病的作用。

心血管病的危险因素中一个很重要的因素是饮酒,而少量饮酒是对健康起保护作用的,例如红葡萄酒对心血管疾病就可以起到保护作用,但大量饮酒就很危险。

最后还有黄曲霉毒素,黄曲霉毒素是一种霉菌毒素,发霉食物中就含有黄曲霉毒素,大豆、玉米、花生最容易招惹黄曲霉,黄曲霉毒素不仅与心脑血管有关系,而且与肝癌的发生也有关系。

美国营养学会理事长坎贝尔是美国康奈尔大学教授,是国际知名的营养学家,他曾经说过一句话,我把它翻译成中文,大意是:摄入过多动物性食物会增加慢性疾病的风险,而以植物性食物为主的饮食习惯会更加健康,有助于预防慢性疾病的发生。

四、中国居民膳食指南

我们怎么吃可以预防疾病? 首先就要了解一下膳食指南,膳食指南是由营养健康权威机构(我国为中国营养学会)为某地区或国家的普通民众发布的指导性意见,以营养学原则为基础,结合本国或本地的实际情况,以促进合理营养、改善健康状况为目的,教育国民如何明智而可行地选择食物、调整膳食。

我们国家膳食指南第一版是1989年，第二版是1997年，第三版是2007年，科学是没有止境的，它在不断地进行研究和获取数据，而且我们国家要结合本国的实际情况，膳食指南也在不断更新，事隔九年以后，2016年的时候提出了最新版中国居民膳食指南，其中包括了一般人群的膳食指南和特定人群的膳食指南，今天我只给大家介绍一般人群膳食指南。

为了能够让大家理解和应用，中国营养学会曾经提供了三个图形，一个是膳食宝塔，一个是膳食算盘，还有一个是膳食餐盘。

我们要和世界接轨，美国的膳食指南也是这样的，只要是两岁以上的孩子，就应该按照这个原则来进行饮食。

推荐一，食物多样，谷类为主；

推荐二，吃动平衡，健康体重；

推荐三，多吃蔬果、奶类、大豆；

推荐四，适量吃鱼、禽、蛋、瘦肉；

推荐五，少盐少油控糖限酒；

推荐六，杜绝浪费，兴新食尚。

接下来我把这六条逐一做介绍。

（一）食物多样，谷类为主

大家都知道，我们人类是一种动物，只不过有人说我是动物，我会有点儿不高兴，无非你是高等的动物，但不管是高等也好，低等也好，只要是动物，肯定就要吃东西，根据动物的食性，一类叫食肉动物，像老虎、豹子、狼，从牙齿的形态就可以看出来，犬齿很发达；第二类是食草动物，比如羊不吃肉；第三类是杂食性的，就是肉也吃，植物性食物也吃。人就属于杂食动物，人的杂食属性就决定了我们什么都得吃，到目前为止，没有哪一种单一的天然食物可以满足我们人体所需的全部营养需求，除了6个月以内的母乳，只要是6个月以上添加辅食之后，各种食物就都需要了。

第一是谷薯类，主要提供碳水化合物，还有膳食纤维等等，是每天能量的主要来源。

第二是蔬菜水果类,含水量丰富,同时可以给我们提供大量的膳食纤维。中国营养学会推荐膳食纤维摄入量要达到每人每天25克,湖北某高校做过一项调查,当地人均每天膳食纤维的摄入量是13克,离25克差距还很大,这是湖北,湖北的饮食是有特点的,以大米为主,一吃大米还有好几个菜,我们山西人的饮食是什么? 以面为主,经典的菜是土豆白菜炖粉条,离25克的推荐量差得会更远,所以蔬菜水果作为重点推荐,这是非常有必要的。但是选择什么样的蔬菜水果也是有讲究的,我们下面再介绍。

第三类是畜、禽、鱼、蛋、奶类,主要提供优质蛋白质和脂溶性维生素。

最后还有一类是大豆及坚果类,这类食物不仅为我们提供了非常丰富的蛋白质,更重要的,还能提供什么呢? 大豆是可以榨油的,因为大豆含有16%到18%的油,是不容易凝固的,不饱和程度高。冬天你把一桶大豆油和花生油放到外面,哪个油固化得快? 花生油。说明了什么? 花生油的不饱和程度低。所以对于老年人来说,适量摄入大豆油是有好处的。

从上述来看,平均每天摄入12种以上的食物,每周要吃25种以上的食物,还是可以做到的,但不能天天这12种,我们也是不建议的,所以每天要换着食物去吃。

谷薯类食物每天摄入250到400克,具体多少克要根据自身需求,如果是年轻人,中等以上体力活动,那就400克,如果是老年人,消化吸收能力下降了,那就250克。其中250克到400克中,有50克到150克是全谷类的食物或者杂豆类,我们山西省是小杂粮的产地,所以在这方面,做得更好一些。除了米面和杂粮,红薯或马铃薯这样的薯类,每天也要摄入一些,一天50克到100克就可以了。

食物多样、谷类为主是平衡膳食模式的重要特征,特别是我们现在的年轻人主食的摄入越来越少,早晨没有,晚上没有,目的是为了减肥,但这是不科学的。谷类食物非常重要,它能给我们提供碳水化合物,它提供的碳水化合物是最经济、最安全的、最洁净的,因为谷类食物中的碳水化合物氧化代谢完的最终产物是二氧化碳和水,通过呼气和排小便就代谢了,可以说是低碳环保。但是如果用脂肪和蛋白质来供能,就会有副产物,会增加体内的负担,更重要的是我们大脑的供能只能由碳水化合物提供,我经常开玩笑讲,你如果早餐不吃碳水化合物都能考上山西医科大学,恐怕吃上碳水化合物以后,北京大学医学部也是能考上的,所以碳水化合物对于大脑的发育来讲是非常重要的。

(二)吃动平衡,健康体重

很多人减肥只有一条,就是限制食物的摄入,很多女孩子晚上不吃饭,体重就减下来了,但是真正的健康提倡"吃动平衡",吃进去以后把它消耗掉,而不是说不吃不动来达到平衡,这是不可以的。最终通过吃动平衡,达到健康体重。各个年龄阶段的人群都应该天天运动,保持健康体重。

什么叫健康体重?有几种算法,国际上比较认可的,叫"BMI",身体质量指数,怎么算?用体重(千克)除以身高(米)的平方,BMI值的正常范围是18.5到23.9,低于这个范围是消瘦,超出这个范围就是超重了。

BMI的值落到18.5到23.9的时候,死亡风险是最低的,但是如果低于18.5,超出了23.9,死亡风险就会逐渐增大,其实就是慢性非传染性疾病的概率增加。

除此之外,还有非常简单的两种算法来评估健康体重,一种叫作"标准体重法",身高减去105,这时候身高就不能用米了,必须用厘米。比如身高175厘米,那么减去105是70公斤,也就是140斤是就是您的标准体重。而且要注意把握时间,什么时候称?早晨起来排便之后。有人说称完以后142斤,又多了2斤怎么办?是不是就有问题呢?没问题,因为理想体重有一个范围,就是加减10%,70公斤加上7公斤,或者减去7公斤,都在理想体重范围,都是合适的,都是合理的。

第二个标准,就是判断腰部肥胖的标准,用腰围和腰臀比,男性裤腰如果是二尺七到二尺八,大于二尺七的,就是肥胖,女性如果超过二尺四了，也是有问题的。腰臀比就是腰围和臀围的比例，如果肚子很大，比臀围还大，这种风险是很大的，所以男性大于等于0.9，女性大于等于0.85，都属于肥胖。

其次，食不过量，控制总能量的摄入，保持能量平衡。什么叫食不过量？如果您的体重一直在标准体重范围内，并保持一定时间内体重不过量，说明您的饮食是不过量的。

第三，坚持日常身体活动，每周至少进行5天中等强度的身体活动，什么叫中等强度的活动？例如跑步的时候，可以跟和人说话，但是不能唱歌。但是如果跑步连一句完整的话都说不下来，说明强度就有点儿过了，这就是中等强度的标准。

国外有个报道，说要想减肥，运动必须持续在20分钟以上，才可能开始消耗体内的脂肪。如果小于20分钟，那根本还没有开始消耗脂肪，所以说运动时间一般要保持在30分钟以上。

主动身体的活动最好每天6000步，什么概念呢？如果从走路的一个步幅来说，我们走路的步幅一般是50厘米到60厘米之间，所以6000步大概就是三公里，如果跑步的话，一般是70到80厘米左右，那么就是4000米左右。

减少久坐时间，每个小时要起来动一动。刚才在一开始就介绍了肖晓琳的案例，我想她的工作性质，决定了她每天坐的时间可能是比较长的，老师的职业也是这样，久坐的结果是什么？会增加肠道的癌变，所以告诉大家，肿瘤医院里肠癌患者的比例在增加，这和久坐的不良习惯是有关系的，所以每个小时起来要进行一次活动。

关于活动，具体来讲，要做到"三五七"。

"三"，每天步行约三公里，大家注意一下，这个步行不是适合所有人的活动，有些人站都站不稳的，就不用三公里，但是有的人只有二十几岁，步行三公里也不合适，所以我个人的体会，起码要有心跳加快，呼吸也有所加快的感觉，这才能达到一定目的，时间大约持续30分钟以上。

"五"，每周要运动五次以上，要有规律性地运动。

"七",指的是运动后的心率。活动后的心率加上年龄约为170,这就是中等强度的运动。

(三)多吃蔬果、奶类、大豆

大家注意一下,其实我们对于营养的推荐,往往不太愿意用"多"这个字,这样往往容易导致人们的误解,比如说前几年有个杂志叫《人人健康》的记者到我那儿去采访,他是我的学生,当时我有点忙,就把大概思路告诉他,具体内容由他写,写完了我再改,写好后发现其中有一条,他说要多吃植物油,这就是个非常大的问题,因为现在肠癌的发生率,可能就和我们摄入过量的植物油有关系。为什么?因为植物油在体内容易被氧化,氧化以后会形成氧化物和过氧化物,这种氧化物和过氧化物,会损伤我们的细胞膜,甚至会攻击我们的细胞核,最后的结果,可能就会引起癌变。所以我最不愿意用这个"多"字,而是用"适量",或者"适当",准确表述的话,应该是"适当增加蔬果的摄入",这个可能更加科学和准确。

很多人会被问到,你健康吗?得到的回答是好像不太舒服,但是也查不出病来。这就是亚健康的表现。为什么会出现这种问题?从专业的角度来看,你可能缺少了微量的营养素,也就是蛋白质、脂肪、碳水化合物不缺,但缺的是矿物元素和维生素,这时候为什么会造成不适呢?微量营养素在我们体内可以起调节作用,学过化学和生物的人都知道,我们体内的酶要想起作用,需要一个辅助因子,这个辅助因子通常就是矿物元素和维生素,我们的膳食特别是谷类食物的加工度越来越高,磨的面越来越白,外面的皮去得越来越多,维生素损失越来越多,这种情况下,靠什么补充更容易一些?蔬菜和水果。这类食物是微量营养素的重要来源,例如蔬菜中有一种叫胡萝卜素的物质含量比较高,它可以在人体内转变成维生素A,所以蔬菜水果是平衡膳食非常重要的组成部分。

餐餐都要有蔬菜。在我们有的地方可能餐餐有咸菜,但是达不到餐餐有蔬菜。蔬菜和咸菜是完全不一样的,大家都知道,咸菜是要腌制的,腌制的食品是有害健康的。我曾经在左权县的一个村下乡,乡亲们挺重视我们,专门派人给我们做饭,吃的第一顿饭就是酸菜面,第二餐吃的什么?面酸菜,两餐都一样。但是当我们回来以后,隔了没几天再去的时候,大概就是下乡的第二个月再去的时候,村主任换了,为什么?村主任得了胃癌。下乡结束后不到半年,说村里的会计没了,50多岁。那个村里100多人,一年之内,就有两个人出了问题,所以注意,不要过多地吃腌制食品,我也经常看到有些人到菜市场买酸菜,酸菜中亚硝酸盐含量比较高,和肿瘤的发病有关,大家要注意。

说到这儿也要注意一下,我们应该天天要保证吃300克到500克蔬菜,深色蔬菜应占到1/2以上。在这里我想告诉大家的是不要吃大棚菜,要吃应季蔬菜,什么叫应季?就是吃大地里面长的,不要吃大棚里面长的,什么原因?很多人不太明白,我们生产粮食和蔬菜的时候,肥料的使用很多情况下是过量的,这对解决人口粮食问题起到了非常重要的作用,大家知道,20世纪六七十年代这块土地吃不饱饭的人很多,现在为什么大家不仅吃饱了还有富余?其中一个原因就是使用了化肥。化肥的主要成分是什么?广告上经常说"第四元素复合肥",氮就是第四元素,如果它在植物中不能合成蛋白,就可能转变成亚硝酸盐。但是我们冬天吃到的蔬菜是不是全都不是应季的?那得看蔬菜的来源,是来源于山西的大棚蔬菜,还是来源于海南的大地蔬菜,如果是大地蔬菜空运过来的,您就可以放心吃。

天天要吃水果,保证每天摄入200克到350克的新鲜水果。为什么天天要吃水果呢?第一可以补充水分,第二补充膳食纤维,第三补充我们身体需要的矿物元素和维生素,所以要天天吃水果。另外,果汁是不能代替新鲜水果的,新鲜水果变成果汁的时候,去掉了大量的膳食纤维,这正是我们膳食中容易缺乏的。

奶类富含钙,如果现在我问大家平时喝牛奶吗?相信90%的人会说我在喝。喝牛奶干什么?补钙。牛奶里含多少钙?不知道。我们买东西一定要看看标签,100克鲜牛奶中钙的含量大约100毫克到110毫克,其他很多食物是达不到这个量的。所以,我们要吃各种各样的奶制品,相当于每天要吃液态奶300克。那换成其他的奶制品,比如酸奶可以吗？如果是真正的酸奶是可以的。这就需要了解奶制品和含乳饮料的区别，含乳饮料一般蛋白质含量在1%左右，而奶和奶制品通常情况下蛋白质含量在2%以上。

大家都知道，不同年龄段都有可能缺钙，在婴幼儿时期缺钙以后容易得佝偻病，佝偻病的具体表现比较多，早期主要表现为夜惊、盗汗，再发展可能就会出现枕秃；如果再严重的话，可能就会出现腹部微微膨出，更加严重的，会出现鸡胸、漏斗胸。大家最容易发现的是"XO"型腿，腿出现了X型弯曲，或者说O型弯曲，踝关节可能会膨大，这是早期的佝偻病。

孕期妇女，容易出现的是软骨病，大家到了农村会发现，有些老太太是"罗圈腿"。主要原因是，到了怀孕期间，胚胎在体内生长需要钙，钙来源于哪儿？实际上就是来源于母亲，一是孕妇从膳食中摄入的钙，另外一种情况是来源于母体自身的钙，骨中的钙。在这种情况下，为了满足胎儿的需要，母体会把自己骨骼中的钙溶出去，生下来之后，母乳中的钙也会比较稳定。100克牛奶中的钙的含量是100毫克到110毫克，人的母乳中钙也是比较稳定的，100克中大概有32到35毫克的钙。怎么保证乳汁中钙的恒定呢？如果母体摄入足够的话，膳食中的钙就能够提供，如果膳食中钙不能满足的情况下，还是会溶解母亲骨骼中的钙，来满足奶水中钙的稳定性。为什么以前骨软化病比较多？因为母亲生孩子多，这样的话体内钙的流失比较多。在这种情况下，在身体重力的压迫下，她的腿就容易发生变形。

女性到了更年期之后，钙的丢失速度会加快，男性更年期大概比女性推后十年左右，钙的流失虽说没有像女性那么明显，但也会流失。

平时还要经常吃豆制品，适量吃坚果。大豆类食物同样也含优质蛋白，大豆不是指长得很大的豆子，是指蛋白质含量35%以上的豆类。能做豆腐的豆子，就叫大豆，因为我们利用的就是蛋白质的变性原理。所以说在山西能做豆腐的豆子，主要是黄豆、黑豆、青豆。我有一次讲课说，大豆可以做豆腐，杂豆是不可以做豆腐的。有个听课的学生说绿豆是可以做豆腐的。我分析是因为这位同学没有把青豆和绿豆分开,青豆是属于大豆类的。建议大家吃坚果,但是不能大量、过量地去吃,因为坚果中含的油脂比较高,比如瓜子,很多女同志为了减肥不吃饭,一会儿半斤瓜子磕完了,但是瓜子中油脂的含量高达40%到60%,所以吃坚果不能过量。

这一部分我们提到了钙,还提到了蔬菜和水果,大家注意一下,我们怎么来做到吃蔬菜的多样性,怎么来满足吃水果的多样性?先把蔬菜和水果做个分类,大家都知道,蔬菜是植物,我们推荐大家每天吃叶菜要占到所有蔬菜的一半以上,比如大白菜、小白菜、油菜这些都属于叶菜类;第二,根茎类蔬菜,也就是吃植物的根和茎,比如葱头是植物的茎,马铃薯是根还是茎?是茎。为什么?简单给大家科普一下,最简单的办法,马铃薯如果放到太阳底下慢慢会变成绿色,因为马铃薯是茎,茎在太阳照射下是可以变绿的,根茎类蔬菜里还有红薯、大蒜、山药这些;第三类是果实类的,如黄瓜、茄子、番茄都属于这一类;第四类是植物的花,我们吃得相对比较少,主要是西兰花、菜花,还有黄花菜,这都属于花菜类;第五大类是比较特殊的一类:鲜豆类,为什么比较特殊?鲜豆类的营养成分是不一样的,它的蛋白质含量相对比较高,主要的鲜豆类就是豆角;最后一个是菌藻类,这个菌是真菌,我们经常吃的蘑菇类、银耳类,而紫菜、鹿角菜等属于藻类。

蔬菜加工的时候大家要注意几个问题,第一,先洗后切。大多数蔬菜都应该采用先洗后切。比如西葫芦,为什么先洗后切?中间如果切一刀,你会发现有水滴流出来,生物学上叫"伤流",受伤以后流出来的液体,这不是纯水,是细胞内液和细胞外液,是有营养成分的,洗了以后就流失了,所以要先洗后切;第二是现切现炒,比如土豆放到那儿一会儿就变颜色了,因为它和氧气发生了反应,所以要现切现炒;第三是急火快炒,炒菜的时间越短,保留的维生素活性就越高;第四,现炒现吃,炒好的菜放的时间越长,那么它里面营养成分丢失得就越多。

我们去饭店吃饭,一定只吃对的,不吃贵的。什么是对的?就是按这六大类,如果有了叶菜,就再点个根茎类的,按照种类去区分。有人说,一个人去吃的话,吃炒白菜还是炒豆腐?这时候吃大烩菜还是比较合适的。

水果根据它的特点,分为仁果类、核果类、浆果类、瓜类、柑橘类。我经常讲,什么叫水果?水分含量比较高的就叫水果?那你说黄瓜是不是水果?水分含量高不高?那要看怎么吃,炒着吃叫蔬菜,生着吃也可以当作水果。只不过黄瓜不甜。柑橘类很有特点,就是维生素C的含量比较高,如橘子、橙子这一类。

(四)适量吃鱼、禽、蛋、瘦肉

主要是因为这类食物中含有丰富的蛋白质。每周吃多少?鱼和其他海产品一周吃一到两次,鱼类和禽类属于白肉,营养上讲的"白肉",和老百姓讲的"白肉"是不一样的,是指白色的肉,就是禽类和鱼类的肉。营养上讲的"红肉",是指四条腿的、红颜色的肉,同时少吃肥肉,烟熏和腌制的肉摄入过量和癌症的高发是有关系的。对于山西人来讲,应该限制畜禽肉类,特别是内脏,有些地方摄入过多,特别对于老同志来说尽量少吃动物内脏,因为胆固醇含量太高;蛋类,一天一个鸡蛋足矣,蛋黄的营养价值比蛋白更高,不仅有丰富的蛋白质、矿物元素、卵磷脂、维生素都是很高的。

(五)少盐少油,控糖限酒

要培养清淡的饮食习惯,一定是从小开始的,少吃高盐和油炸食品。但是在我们国家,高盐油炸食物泛滥,特别是儿童青少年吃得更多,其实政府部门应当管一管。成人每天食盐不超过6克,每天烹调油25克到30克,一家三口人一桶油至少要吃两个月。如果每天多吃5克油不被消耗的话,十年以后体重增加20斤。

油炸食品不宜多吃,高温的情况下,脂肪酸会形成环化物,吸收进去对人体是不利的。另外,高温的情况下还会产生苯并芘致癌物,碳水化合物在高温的情况下,也会产生其他的致癌物,除此之外,如果吃油条,还会有铝被摄入,研究发现它和痴呆有关系。

控制添加糖的摄入量,白糖、红糖、冰糖,所有的糖加起来每天不超过50克,我喝豆浆是不加糖的,有人会觉得豆渣很难喝,但如果懂营养,豆渣中丰富的膳食纤维可以调节肠道内环境,就应该喝下去。

每日反式脂肪酸摄入量不超过2克，少吃外面买的奶油饼干、面包、蛋糕、煎炸食品，这些食物里都含有反式脂肪酸，它会干扰脂肪代谢，增加高血压、心脑血管疾病、糖尿病的发病率。

足量饮水，成人每天7到8杯，8杯水就相当于1500毫升到1700毫升，特别是对于老同志来讲，老同志渴的感觉和欲望比较迟钝，所以一定要定时定量饮水，这是很重要的。提倡饮白开水和茶水，茶水提倡成人喝，儿童不宜饮用过多茶水。

儿童、少年、孕妇、乳母不应该饮酒。成人如饮酒，男性一天的酒精量不超过25克，女性不超过15克。也就是一天不能超过一两酒。

怎么来减少用盐？我的经验，拿出盐勺往锅里舀盐时，想想盐多了有对健康风险，风险面前会颤抖，但是你不要在菜锅里面颤抖，必须在盐罐子里面抖完了再放。当然你要慢慢地抖，人有一个适应的阶段，所以慢慢地去适应。除了食盐，酱油中也是有盐的，含量是12%至18%，黄酱里面是15%，也都是比较高的，要注意。

（六）杜绝浪费，兴新食尚

珍惜食物，按需备餐，大家知道，我们现在开会基本都是吃自助餐，按需去取，提倡分餐，不浪费；选择新鲜卫生的食物和适宜的烹调方式。食物制备要生熟分开，否则容易造成污染；要学会阅读食品标签，合理选择食品。我们看食品标签，要看里面有什么成分，哪些成分对我们有益，哪些成分需要谨慎选择。多回家吃饭，和家人共同享受食物和亲情，少在外面吃，减少浪费，低碳生活；传承优秀文化，兴饮食文明新风。这就是我们推荐的六条核心内容。

除了这六条核心推荐，为了便于大家去理解、掌握和应用中国居民膳食指南，推荐一个是平衡膳食宝塔，这个宝塔在前两版的中国居民膳食指南里都有，略有一些变化，主要是各种类型食物数量上的变化。最底层，是谷薯类和杂豆类，每天要摄入250克到400克，其中全谷类和杂粮的摄入量要达到50克到100克，包括一些薯类摄入量也要达到50克到150克。

第二层是蔬菜水果类，每天蔬菜摄入量要达到300克到500克，水果200克到350克,水果建议准备三种,假设有水果品种ABC,可以这样组合着吃:今天吃AB组合,明天吃AC组合,后天吃BC组合。

第三层是优质蛋白,每天畜禽类40克到75克,鱼虾类摄入量要达到40克到75克,蛋类40克到50克。

奶制品类摄入量应达到300克,保守地讲,一天喝二斤牛奶是没有问题的,除非自己有代谢性疾病不适宜,那是另外一回事。作为正常人来讲,每天摄入1000毫升以下的鲜奶是没有问题的。300克是给大家的建议量,没有达到300克,至少应该努力达到。

顶层塔尖部分说明这类型食物的摄入量是比较少的,油25克到30克,盐6克,糖50克。平均每天的饮水量1500毫升到1700毫升,每天的活动量6000步。有人问这6000步是早晨走还是晚上走,这个没有特别的规定,根据自己的身体情况、工作情况自行决定就可以了。

除了这个膳食宝塔以外,中国营养学会还有历史性的任务,什么任务呢?传承中国传统文化。大家看看太极图。我们要抓紧抢救传统文化,因此我们把太极图用到了膳食推荐当中,把太极图分成四块以后,你会发现有大有小,营养之间要平衡,也就是说,这四块缺了哪块都不会平衡,这就告诉我们面积大的多吃,面积小的少吃,当然这个餐盘涉及两个图,除了太极图外,还有一个图,在圆盘的中心画了一个椭圆形的东西,放的是奶类,说明了奶类的中心价值。

为了让少年儿童能够尽早地利用膳食平衡的理论去理解、掌握并且达到健康的目标,中国营养学会专门设计了一个膳食算盘,这是什么概念呢?就是说这一类食物算盘子比较多,就多吃一点,算盘子少就少吃一点。

最后送给大家郑板桥写的一副对联:白菜青盐糙米饭,瓦壶天水菊花茶。在郑板桥那个时代,人的平均寿命是三四十岁,郑板桥活了72岁,他在那时候就是老寿星了,所以他老人家的饮食结构是值得我们借鉴的,要提倡中国的饮食文化,要以素食为主,辅以动物性食物。所以如果给他的对联加个横批的话,就是"粗茶淡饭"。但是千万不要认为粗是多吃粗糙的东西,食物太粗了会伤胃的,实际上是告诉我们食物的加工应该粗略一点,不要过分精细化。

今天讲了这么多,总结一下,为了我们的健康,大家要记住一句话,我们是什么?是动物。是高等的杂食动物。通过今天的讲座,我们达到的目的是什么?利用营养学的知识、膳食平衡理论,调整不健康的饮食行为,达到预防慢性疾病的目标。

今天的讲座就到这儿,谢谢大家!

减 肥
——想说爱你很容易

九三学社社员,医学博士,副主任医师,太原市中心医院内分泌二科主任,药物临床试验办公室副主任,2010年博士毕业于中国医科大学内分泌与代谢病专业;曾师从于辽宁省副省长、中华医学会内分泌分会主任委员滕卫平教授;主要研究领域:糖尿病发病机制及药物治疗;甲状腺相关疾病,甲状腺疾病与妊娠;中西医结合治疗肥胖及骨质疏松症等相关疾病。现任山西省老年医学学会内分泌分会常务委员,山西省老年医学学会内分泌青年委员会副主任委员,山西省免疫学会第一届理事会理事、山西省医师协会青年医师分会常务委员、山西省中西医结合学会第一届内分泌与代谢病专业委员会委员。博士期间曾参与"国家十五科技攻关项目"。目前主要负责国家自然科学基金1项、山西省科技成果转化引导专项项目1项。2014年获山西省科技进步奖二等奖一项。目前发表SCI文章2篇,中华及国家级论文12篇。

这说明肥胖肯定会增加心脏的负担，造成心脏损害。正常人体的心脏就像一个水泵，不停地收缩和舒张，维持着血液的循环流动。肥胖者由于血液中储存了过多的脂肪，所以血液总量也相应地增加了很多，心脏就会相应地增加收缩的力量。当心脏不堪重负时，它就无法再有效地泵血，就造成血液积聚在心血管系统的状态，重者甚至出现明显的心功能衰竭等危害。有句话叫"肥胖是万病之源"，目前世界卫生组织已经将肥胖、吸烟、艾滋病，列为人类健康的三大杀手。

大家上午好！有句话说，女人一生都与减肥相伴，三月不减肥四月徒伤悲，五月不减肥六月没人追。所以今天说一个轻松愉快，但是也比较严峻的话题，叫作"减肥——想说爱你很容易"。

当我们看到一个苗条美丽的女子，大家可能会联想到：关关雎鸠，在河之洲，窈窕淑女，君子好逑；而当我们看到一个肥胖臃肿的人，往往联想起一首打油诗：四体不勤脾胃刁，三餐无肉也增膘……这是因为什么，就是因为肥胖。那到底什么是肥胖呢，肥胖的定义是什么？肥胖是由于体内脂肪的体积和(或)脂肪细胞数量的增加，导致体重增加，或者体脂占体重的百分比异常增高，并在某些局部过多沉积脂肪的一种代谢性疾病。所以我跟大家强调一下，肥胖是一种代谢性疾病，属内分泌科治疗范畴。肥胖可诱发的心脑血管疾病急性发作，所以肥胖不再是富态的象征，而是可以带来非常可怕的一系列问题的疾病。

下面简要说一下肥胖的分类，根据病因一般分为原发性及继发性两类。

原发性肥胖又称单纯性肥胖。肥胖是临床上的主要表现，无明显神经、内分泌系统形态和功能改变，但伴有脂肪、糖代谢调节过程障碍。此类肥胖最为常见。

一、体质性肥胖

这是由于脂肪细胞增生所致，与25岁以前营养过度有关。这类人多半有家族性遗传历史。超重的儿童通常成为超重的成人。据报告，0—13岁的超重者中，到31岁时有42%的女性及18%的男性成为肥胖症患者。在胎儿期第30周至出生后1岁半，脂肪细胞有一极为活跃的增值期，称"敏感期"。在此期间如营养过度，就可导致脂肪细胞增多。故儿童期特别是10岁以内，保持正常体重甚为重要。所以肥胖应该从娃娃抓起，科学的观点认为，儿童期肥胖的管理也是非常重要的，很大程度决定其以后的体型，咱们看到幼儿园和小学里面的小胖墩，真是应该提醒其父母关注孩子体重了。

二、营养性肥胖

亦称获得性（外源性）肥胖，多由于20—25岁以后营养过度，摄取热量超过机体各种新陈代谢活动过程的需要，由于体力活动过少或因某种原因需较长期卧床休息，热量消耗少而引起肥胖。以上两种肥胖，统称为单纯性肥胖，特别是城市里20—30岁妇女多见，中年以后男、女也有自发性肥胖倾向，绝经期妇女更易发生。至于继发性肥胖症主要是因为相关疾病及药物引起的体重异常，我们这里就不多讲了。

这些年我国经济发展迅速，人民生活水平提高了，现在肥胖的发病率越来越高了，在过去的十年中，肥胖症在美国从25%提高到33%，妇女的发病率在35%以上，中国调查的数据，从1993年到2009年的17年间，成人超重患肥胖的发病率从13.4%增长到26.4%，成人腹型肥胖的患病率从18.6%增长到37.4%。

从全国的情况分析，超重和肥胖的情况，明显是北方大于南方，所以说南方人"小巧玲珑"，确实有道理，因为他们吃得确实较少，吃得少，自然就瘦。浙江超重和肥胖发生率是24.8%，河北是41.9%，山西也差不多。

到底肥胖症的原因是什么？吃得多了，活动得少了。就是这两个原因，非常重要的两个原因。另外还有一个遗传因素，肥胖者往往有明确的家族史,往往爸爸妈妈胖孩子就胖,呈现家族遗传倾向,这不是孩子的错,是各位大人的错。对孪生儿的研究也表明,遗传因素对人类肥胖有影响作用。对于单卵双胎的孪生儿在不同环境中长大,他们的体重指数无明显差异,相反生活在同样环境中的双卵双胎孪生儿相差显著。

吃得过量,摄入的能量过多,在体内肯定会以脂肪的形式积聚,目前生活条件好了,谁还会挨饿啊,每顿饭都摄入大量的营养,身体消耗不掉就在体内大量聚集;还有就是不良的进食习惯,现在咱们都习惯一到夏天就开始出去"撸串",满大街的烧烤,大家都觉得习以为常,孩子们还喜欢出去吃汉堡包,高热量的食物越来越多。以往我们的父辈吃饭多是窝窝头,现在都是肉类;以前大多是玉米,现在摄入更多的冰激凌、巧克力,这种情况下,摄入的热量越来越多,自然是越来越肥胖。

运动越来越少,各个年龄段的人每天都成了低头一族,休闲时找个地方就是低头看手机,自主活动的时间越来越少;现在"互联网+"越来越方便了,去哪儿的话,以前可以坐公交车、走路,现在不用了,年轻人手机一拿,用滴滴、专车,这就可以了。还有就是以前去饭店吃饭的时候,总得走着去吧也要消耗热量。但是现在很多时候不用出去了,手机一拿过来,就可以把外卖给你送到家门口,所以人们在这个时候,活动是越来越少了。活动越来越少的话,自然消耗的热量就越来越少。

下面讲肥胖的危害,以前觉得我胖了,没什么了不起,是一种富态的表现,那是在物质资源匮乏的年代。但是现在我们看看,肥胖可引起以下六种危害。(一)肥胖者易患癌症。根据流行病学调查的结果,肥胖妇女更容易患子宫内膜癌和绝经后乳腺癌,肥胖男性则更容易患前列腺癌;而且只要是肥胖者,无论男女都更容易患结肠癌及直肠癌。肥胖的程度越严重,上面几种癌症的患病率就越高。(二)导致各种血管疾患。肥胖易导致各种血管疾患。身体肥胖的人除了皮下脂肪堆积过多之外,内脏和遍布全身的血管内也都堆满了脂肪,所以容易引起多种血管疾患,特别是对健康和生命危害严重的心脑血管疾患。有关研究资料表明,肥胖者的高血压发病率为正常人的1.5至3倍。而且,肥胖度越高,高血压的发病率越高,血压升高也越明显。严重肥胖者的高血压发病率高达50%以上。相反,如果采取种种减肥措施,使体重减轻,血压也会相应地下降。(三)易诱发糖尿病。虽然不能说肥胖是引

肥胖、吸烟、艾滋病:人类健康的三大杀手

肥胖 是诸多疾病的根源

起糖尿病的直接原因,但它对糖尿病的诱发作用却是不可忽视的。许多资料证实,肥胖程度越高,糖尿病发病率越高。目前在一些经济发达国家,肥胖引发的疾病,最多的就是糖尿病。成年型糖尿病患者中,约有三分之一的人属于肥胖体型。几乎所有的肥胖者,空腹血糖都不同程度地有所升高。(四)导致血脂异常。肥胖者,特别是腹型肥胖者比普通人更容易表现为高胆固醇血症、高甘油三酯血症、低密度脂蛋白和极低密度脂蛋白异常升高,而高密度脂蛋白反而降低。(五)增加患高血压的概率。肥胖与高血压密切相关。在40—50岁的肥胖者中,高血压的发生概率要比非肥胖者高50%。一个中度肥胖的人,发生高血压的机会是体重正常者的5倍多,是轻度肥胖者的2倍多。(六)增加心脏负荷。有人发现,肥胖者心绞痛和猝死的发生率提高了4倍。这说明肥胖肯定会增加心脏的负担,造成心脏损害。正常人体的心脏就像一个水泵,不停地收缩和舒张,维持着血液的循环流动。肥胖者由于血液中储存了过多的脂肪,所以血液总量也相应地增加了很多,心脏就会相应地增加收缩的力量。当心脏不堪重负时,它就无法再有效地泵血,就造成血液积聚在心血管系统的状态,重者甚至出现明显的心功能衰竭等危害。有句话叫"肥胖是万病之源",目前世界卫生组织已经将肥胖、吸烟、艾滋病,列为人类健康的三大杀手。

下面随便举上两个肥胖引起各种危害的例子,第一是高秀敏,她是我们都非常喜欢的喜剧演员,年仅46岁的时候就突发心脏病死亡,去世的时候体重超过180斤,所以肥胖必须加以重视;演员傅彪死于肝癌,大家都清楚,他做了两次肝移植手术,去世的时候仅仅42岁,但是原来的

体重超过200斤,去世时体重不足100斤。2014年11月26日,《柳叶刀肿瘤学》发表研究,2012年对全球184个国家因癌症死亡人群做的统计分析中数据表明:全球青少年每年因肥胖和超重带来大约50万的新增癌症,且正以3.6%的增长率上涨,这就为大家敲响了警钟,肥胖并不是一件很好的事,肥胖的危害很大。

谈了这么多肥胖的坏处,下面我们了解一下如何评判一个人是否肥胖,是不是肚子大就叫肥胖?或者说体重比原先增加了就叫肥胖?肥胖有一定的标准,肥胖的蓄积是一个循序渐进的过程,轻度肥胖和正常之间没有明显界限。它的公式是:身体质量指数(BMI)=体重(千克)/身高(米)的平方。

肥胖的判断标准,WHO(世界卫生组织)针对亚洲人群的标准,消瘦是BMI 18.5千克/m²,超重是24到27.9千克/m²,肥胖是28千克/m²。举个简单的例子,如果一个男性体重85公斤,身高1.7米,最终的BMI根据结果29.4千克(厘米)判断就是属于肥胖的,所以如果是一个1.7米的男性,体重在170斤,就会得到你自己身体的标准。

第二个是标准体重的计算方法,标准体重(千克)=身高(厘米)-105评价标准:

实测体重占标准体重的百分比。判断标准:90%—110%为正常;80%—90%为消瘦,小于80%为严重消瘦;110%—120%为超重,大于120%为肥胖。

肥胖的测量与判断中BMI占据非常重要的作用,目前研究逐步发现腰围指数也与多种并发症有着相关因素,据英国《每日邮报》近日报道,科研人员警告称,腰围过粗会使预期寿命缩短,无论男女皆是如此。研究发现,在剔除身体质量指数(BMI)、吸烟、饮酒和运动等因素影响后,腰围过粗的人因心脏病、呼吸系统疾病、癌症而死亡的风险升高。与那些腰围较小的人相比,腰围粗的人早亡风险更大;美国明尼苏达州梅奥诊所研究人员根据11项研究中超过60万人的医疗数据,分析得出上述结论。他们发现,腰围超过109厘米(约为三尺三)的男性比腰围小于89厘米(约为二尺七)的男性死亡风险升高50%,这相当于40岁之后预期寿命减少3年。腰围超过94厘米（二尺八）的女性比腰围小于69厘米（二尺一）的女性早亡风险高80%，这相当于40岁后预期寿命减少5年。且早亡风险随腰围增加呈线性升高，腰围每增大5厘米，男女死亡风险会分别升高7%和9%。我们听到有人说哪儿都不胖，就是腰胖。男性腰围85厘米叫肥胖，女性腰围80厘米叫肥胖。

我们常常听到"A4腰"。什么叫"最美A4腰"？纤纤细腰不足盈盈一握，古时有"楚王好细腰，宫中多饿死"的传说。问一下年轻女性，你们知道A4腰到底是多少吗？其实大家都曾经拥有A4腰，只不过后来离A4腰越来越远了。A4纸宽21厘米，所以腰围的直径是21厘米，圆的周长公式 $C = \pi d = 2\pi r$，腰围C=3.14×21 厘米 =65.94 厘米，65.94 厘米÷33.33≈1.978市尺。假想沿腰围横切，截痕是一个长轴为21厘米的椭圆，离心率接近黄金分割0.618。通过椭圆周长公式 $L = T(r+R)$ 其中常数T与r/R有关，通过查表可得，本椭圆T值约为3.152，求得该椭圆周长为59厘米，也就是60到66厘米之间，这个范围才能称作最美A4腰。所以大家可以想象一下，是不是大家曾经都有过A4腰，只不过现在离它越来越远了？

还有其他的测量方法就是测臀围，臀围是臀部向后最突出部位的水平围度。将卷尺置于臀部向后最突出部位，以水平围绕臀一周测量。WHO腰臀比，男性大于0.9为中心性肥胖，女性大于0.8为中心性肥胖；我国腰臀比，男性小于0.9为正常，大于0.9为超重或肥胖；女性小于0.85为正常，大于0.85为超重或肥胖。

前面都是引子，今天大家来听讲座的话，落了前面不要紧，后面这部分才是最精彩的。为什么说"减肥想说爱你很容易"？关键看肥胖症的治疗。在讲治疗之前先跟大家说句至理名言：没有吃饱只有一个烦恼，就是饿了；吃饱了就有无数个烦恼，饮食对于减肥是非常重要。

肥胖的治疗主要从几个方面：膳食、运动、行为、药物、中医、外科手术治疗。

首先是饮食治疗，没有饮食和运动做基础的治疗方案，一切方案都是空谈。但是先跟大家说一下饮食原则，合理控制总能量的摄入，能量摄入小于能量消耗；每天热量摄入量比常规减少500卡，则一周内可减重0.5千克—1千克，严格限制低分子糖、饱和脂肪酸、乙醇等（这些物质缺乏营养素）；合适的营养素比例；平衡维生素和微量元素；餐次大于等于每日3次肯定是合理控制总能量的摄入，听了这些原则后我们回去知道怎么吃吗？不知道。能不能瘦下来？瘦不下来。嘴怎么管？腿怎么迈？不知道，刚才说的这些就是原则，原则是不具备临床具体实施的，真正指导临床需要更加细致而操作性强的指导原则。饮食方面第二个原则是蛋白质的供给，由于CRD降低了摄入的总能量，必然导致产热的宏量营养素摄入降低，应适当提高蛋白质供给量比例（1.2克/千克—1.5克/千克，或15%—20%），这样就能在减重过程中维持氮平衡，同时具有降低心血管疾病风险、增加骨矿物质含量等作用。

不同来源蛋白质的减重效果可能不同，有研究发现大豆蛋白的减脂作用优于酪蛋白，且其降低血液中总胆固醇和低密度脂蛋白胆固醇的作用也更明显。

第三是限制脂肪，目前我们肥胖的一个重要原因是摄入脂肪太多，很多肥胖病人都是"无肉不欢"，再想一想，以前咱们的父辈是几天吃一顿肉，或者是几个月才吃一顿肉，而我们现在是一天吃几顿肉，脂肪的摄入量能不多吗？肥胖者饮食脂肪控制在占总能量的20%—25%，每天摄入脂肪50克—60克为宜，日常饮食可选用含单不饱和脂肪酸或多不饱和脂肪酸丰富的食用油，如橄榄油、茶油、葵花子油、玉米油、花生油等，少食动物油及内脏；膳食胆固醇每天小于300毫克为宜；我们限制脂肪的时候，需要补充ω-3多不饱和脂肪酸，可以改善患者的动脉弹性、收缩压、心率、血甘油三酯及炎症指标。

这里面需要着重探讨的是碳水化合物的摄入，目前社会上流行许多高蛋白饮食,完全限制碳水化合物的摄入量,结果引起酮症或饮食代谢紊乱,所以指南中建议碳水化合物的来源应选择谷类食物,多选择粗杂粮,如玉米、荞麦、燕麦等,我们日常生活需以淀粉类复杂碳水化合物为主,保证膳食纤维的摄入量每天20克—30克。糖类要占到总热量的40%到55%左右。

第五是保证维生素和矿物质的供应,尤其是钙、铁、锌、维生素 A、维生素 D 及叶酸,研究发现在减重干预的同时补充维生素 D 和钙可以增强减重效果。

刚才我给大家讲了饮食的调整原则,其实大家听完都是一头雾水,具体在临床操作上很差,不过原则性的东西我们还是需要了解,这就像过马路的话,没有红绿灯,将会出现非常混乱的现象。下面我就来回答大家经常提出的一个问题,什么东西能吃,什么东西不能吃,早饭适合吃什么,午饭适合吃什么,晚饭适合吃什么,我们在饮食上也需要设置一个交通灯,对绿灯食物可以保证供给,黄灯食物可以限制摄入量,红灯食物应给予严格的限制。交通灯饮食:交通灯饮食把食物分为:绿色食物(go),不予限制,保证供给;黄灯食物(caution),限制摄入量;红灯食物(stop),为高脂或单纯碳水化合物食物,应予严格限制。

绿灯区食物包括豆制品:豆腐、豆浆、豆奶等;蔬菜类:萝卜、土豆、绿豆芽、竹笋、冬瓜、黄瓜、番茄、青菜、卷心菜、胡萝卜、南瓜、芹菜、茭白、四季豆等;动物性食物:各类虾、贝、黄鳝、鲤鱼、鲢鱼、黄鱼、黑鱼、虾皮、猪血;各种奶类:如牛奶、酸奶等;水果类:如西瓜、苹果、梨、橘子、草莓、桃子、枇杷、橙子、菠萝、葡萄等。其他还有:木耳、海带等。

黄灯区食物包括谷类及其制品:如米饭、玉米粉、馒头、面包、通心粉、咸饼干、面条等;豆类及其制品:毛豆、黄豆、千张、素鸡、素火腿等;动物性食物:牛肉、兔肉、瘦猪肉、鸡蛋、猪肝、各种鱼类;水果类:香蕉、柿子等。

红灯区食物主要是指各种高糖类食物:各种糖果、巧克力、麦乳精、炼乳、甜饮料、甜点心、蜜饯等;高脂肪类食物:油炸食品(包括炸鸡、炸土豆条、油条等)、动物油(如猪、牛、羊、鸡油)、各种动物肥肉、黄油、奶油、曲奇饼干以及坚果类食物：花生米、核桃肉、松子、瓜子、芝麻、腰果等。特别是跟大家强调一下，坚果类食品我们发现七粒花生米可以升高一个血糖，所以你如果晚上吃了坚果类食品，第二天早晨会出现空腹血糖的异常。其实影响了血糖的时候，也就影响了体内的脂肪代谢，影响了血脂的正常。所以对坚果类大家一定要注意，晚上吃点儿小零食的话，腰果、瓜子这类东西不可以随便吃。

每日三餐如何选择黄灯区、绿灯区、红灯区食物呢？一日三餐要合理分配，早餐占全天食物总量的35%，午餐占全天食物总量的45%，晚餐占全天食物总量的20%。

早餐：可选择黄灯区食物、绿灯区食物，注意干稀搭配，如牛奶、鸡蛋、面包或豆浆、蛋羹、馒头、拌豆腐。

午餐：一定要吃饱，可选择黄灯区食物和绿灯区食物，少量红灯区食物。以绿灯区的蔬菜为主，减少黄灯区的主食（即米面）量，佐以黄灯区和绿灯区的动物性食物适量，注意荤素搭配，荤素菜比例一般为1∶2到3。

晚餐：应控制主食量，米面等主食量约占午餐主食量的一半，以绿灯区食物为主，不吃红灯区食物。

讲了这些，大家可能会略微有点感觉了，仿佛知道怎么该吃了，但是到底如何通过饮食减肥还是不清楚。这里给大家介绍一个新的名词"轻断食"。2016年中国超重/肥胖医学营养治疗专家共识里面提到了"轻断食模式"，一类采用5+2模式，5天让你正常饮食，怎么吃都行，只要不是每天都胡吃海喝，都可以。2天轻断食，怎么断呢？女性每天摄入500卡，男性每天摄入600卡。"5+2"轻断食是谁首先提出来的？是英国著名医学记者迈克尔·莫斯利首先提出来的，他拍摄了《进食、断食与长寿》，该片在伦敦奥运会期间一经播出，迅速引爆收视率，轻断食迅速风靡起来。莫斯利也因此荣获英国年度最佳医学记者殊荣。这里面我插入点其他的东西，就是我们知道的"辟谷"，我曾经试过最多11天没有吃过主食，就是喝酵素。好不好受？不好受。特别是看到那些损友，让你坐在那儿看着他们吃火锅，确实是难受。但是我跟大家分享一下这个经验,前三天确实是饿,最难挺的是第四到第五天,过了五天之后,你的身体基本上会出现一个平稳的状态,后续的时间就不饿了,也没有饥饿感,基本上可以维持正常的饮食,这种辟谷对身体有没有损害,我没有做过大量的统计,但是整个国际上不主张长期的断食疗法,因为毕竟可能会对身体或者整个代谢系统产生影响。我自己辟谷了11天,没有吃主食之后,血脂是降低了,血压降低了,但是血尿酸升高了,因为代谢了细胞之后,没有排泄出去。

国内很多的人靠辟谷减肥,国外的人也一样,2012年的夏天,55岁的莫斯利去体检,医生告诉他,他患糖尿病的概率很大,而且他的胆固醇水平已经高得危险。"这简直是当头棒喝!"莫斯利身高一米八,体重168斤,即便是以中国人的标准看,他也算不上胖。但他说:"我父亲就死于糖尿病并发症,我很害怕。"他咨询了很多英国的专家,他们都建议,饮食是必须控制的,所以他第一站到了日本,因为日本断食做得很早,就像我们的辟谷一样,是从中国学过去的。他去了日本,那里的专家让他一周不吃饭,他吓得赶紧回去了,根本接受不了,所以在日本,没有得到任何有效的信息,然后又回到英国了。

回到英国之后,他紧接着去了美国,看看这种限食疗法是否对身体有益,什么样的限食疗法可以接受呢?他第一站首先是去了南加州大学长寿研究所,著名的瓦尔特·隆戈教授是专门研究抗衰老的,瓦尔特不仅是世界级专家,也因为瓦尔特热心地答应担任他的断食导师兼顾问,为莫斯利指点迷津。瓦尔特教授长年研究断食,并且身体力行,他跟莫斯利说,适当地限制饮食,可以让小鼠的寿命延长40%。另外他也建议莫斯利进行断食,限了三天,莫斯利在限制前和限制后进行了相关指标的检测,结果发现莫斯利的血糖原先空腹是7点多,断食后降到了5,最后血压恢复了正常。

莫斯利经过三天的限食之后,胰岛素生长因子1有了明显降低,并且身体启动了自噬功能,所以适当限食的话,是可以让机体各项功能进行恢复,仿佛电脑中的一键重启。美国一位行政法官诺拉在患乳腺癌后进行了短期断食疗法,结果发现断食后化疗相关副作用明显减轻,并且血细胞及血小板在断食后恢复速度较断食前明显增强。但是连续3到4天的断食,实施起来还是有些困难,人们还是容易被饥饿所打败,莫斯利对这种限食模式还是不十分满意,随后他又来到了探索行程中的第二站。

第二站是伊利诺伊大学,莫斯利发现可以采用隔日限食,女性限制在400卡到500卡,男士限制在500卡到600卡,能够降低胆固醇和甘油三酯,他们发现正常吃的这几天,即使去吃汉堡、冰激凌、大鱼大肉、火锅,对我的血脂、血压也没有明显的改变。这就说明什么问题呢?通过大量的研究发现,如果限食或轻断食之后,正常饮食的日子,该去应酬就应酬,该干什么干什么,避免了三天五天不让吃好吃的,谁也过不去,所以这一点给了他很好的启示。

然后他又去了第三站美国国立衰老中心,找到了马克·马特森教授,结果发现这种间日限食可以明显延缓阿尔茨海默症小鼠的发病时间,原先相当于人类50岁左右发病的小鼠,当限食后发病时间可以延迟到80岁左右;通过实验发现饥饿可以促进小鼠大脑新生神经元生长,延缓衰老。所以大家不想老得那么快,还想促进自己脑细胞生长的话,适当地轻断食,对你是有益处的。

轻断食最令人感到欣喜的特点就是你不必为了减肥不反弹而断食个没完没了。轻断食不像曾经令你失望的严格控制饮食,并且永远看不到希望的曙光。轻断食更容易执行,今天轻断食,明天早餐也许就可以吃松饼,或跟朋友共进午餐,晚上可能还会享受烧烤大餐。

轻断食自从推出后迅速风靡全球,本方法推出一年来,迅速带领全球6亿人投身轻断食革命,大S、杨幂、姚晨、乐嘉、维多利亚、希尔顿等全球顶级明星都投入到轻断食的行列中,轻断食正从根本上改变人们的生命体验。

轻断食为什么这么火呢?主要是因为减肥者不用每天去限制自己的饮食,莫斯利把"隔日轻断食",改成了"5+2",非连续性的两天轻断食,比如周二和周五,或者周一和周四来轻断。轻断不是说不吃了,而是只吃600卡,吃完以后你会发现还是挺舒服的,还是可以接受的。减肥之所以能够成功,其实弹性很重要,每个人的生活都是独一无二的,没有哪一份减肥计划能够适用所有人,每个人都有自己的生活习惯和习性,所以在这里提倡的轻断食是由你自己决定要在哪一天进行怎样断食。也许你偏爱进食一次或两次,也许你喜欢一天早晨进食或晚上进食,轻断食方案给你提供的是弹性选择。并且你还可以依据体重情况将轻断食调整为"6+1"或者"4+3",然后你可以参加朋友聚会,可以出去应酬,可操作性很强。否则的话,整天饿着肚子,没几个人会长期坚持。

第二个方面就是运动治疗,饮食和运动是控制体重的基础,我们想知道,我们到底应该怎么运动? 应该怎么迈开腿? 大家都知道运动好,但是运动多长时间才能够减轻体重,才能保持我们的苗条身材? 这就需要增加运动量以及运动的时间。静坐1小时可以消耗80卡,而走路1小时或做1小时家务消耗180—200卡;跑步1小时能够消耗500—700卡,因此我们从这个两表中可以看出,1小时的散步或者做家务仅仅等于2小时的走路或者做家务,这也就提醒广大肥胖的朋友,仅仅是慢走1万步并不能够真正减肥,还需要加强运动的强度和时间。中等强度运动如跑步,1小时所消耗能量是安静状态时消耗能量的几倍甚至是十倍。

如果你是0到30分钟的轻度运动,能够消耗体内储存的71%的糖原,而消耗的脂肪仅占29%,仅仅30分钟的运动,根本起不到消耗大量脂肪的作用。随着运动的时间越来越长,你消耗的糖类所占比率越来越少,而消耗脂肪的比率越来越大。当我们的运动时间达120分钟时,糖类供能比率降至56%,而脂肪供能比率升至44%,所以运动减肥不仅要求达到量,还要在时间上达到一定数量,你才能减少体内的脂肪,才能起到减肥的作用。

减肥过程中有几个注意事项,大家简要了解一下,尽量多创造活动的机会,根据设计的减体重目标,每天安排一定时间进行中等强度的体力活动。中等强度体力活动消耗的能量,男女分别为4.8卡/分钟到7.0卡/分钟和3.3卡/分钟到5.1卡/分钟,而低强度活动则分别是1.9卡/分钟到4.6千卡/分钟和1.4千卡/分钟到3.2千卡/分钟。如用心率来大致区分,进行中等强度体力活动量时的心率为100—120次/分钟,低强度活动时则为80次/分钟—100次/分钟。肥胖者对体力活动量的安排应根据其体能、年龄和兴趣等因素进行增加体力活动量循序渐进。如果你在运动过程中出现如下情况 心跳不正常,如出现心率比日常运动时明显加快、心律不齐、心悸、心慌、心率快而后突然变慢等;如果运动中或运动后即刻出现胸部、上臂或咽喉部疼痛或沉重感,特别眩晕或轻度头痛、意识紊乱、出冷汗或晕厥、严重气短建议暂停运动,立即休息。

减肥的第三个方法就是药物减肥,现在很多地方卖减肥药物,各种快速减肥药物充斥着你的眼球,我们是不是可以尝试? 咱们到底是买还是不买? 减肥药物具体有哪几类? 大家可以了解一下:

减肥药物主要通过以下四个方面发挥减肥作用:一是抑制下丘脑食欲中枢,降低食欲,通过不想进食来达到减少热量摄入的目的,这类药称食欲抑制剂;二是刺激新陈代谢,增加能量消耗的药物;三是抑制肠道消化吸收的药物;四是植物减肥药以及肥胖基因产物等。奥利司他是美国FDA批准的非中枢作用减肥药,主要不良反应为抑制肠道中脂肪的吸收,使大便中脂肪含量升高,导致腹痛、排便紧迫、脂肪便等。至于其他抑制中枢的减肥药,现在经常有报道,有年轻女士因为吃了减肥药,出现了肝肾功能受损、内分泌代谢紊乱等一系列的并发症,造成了不可挽回的损失,所以吃减肥药一定要慎重。

那是不是所有减轻体重的药物都不能用呢,这个倒不是那么绝对,目前内分泌科降糖药物中二甲双胍对改善体重有很好的作用,有人说,这不是你们的降糖药吗? 这是用于有胰岛素抵抗的血糖有异常的患者。如果用它做单纯的减肥等,我们需要有适应证。但是我相信,只要你肥胖,你一定是有胰岛素抵抗,有高胰岛素血症,所以二甲双胍也是非常适合的,至于如何使用二甲双胍,以及二甲双胍相关禁忌证,每一个内分泌医生都了然于胸,因此使用二甲双胍对于肥胖合并糖尿病或者是血糖异常的人群尤为适合。

第三种药是利拉鲁肽,这也是糖尿病的降糖药物,它可以抑制你的食欲,抑制血糖素的分泌,对心脏有保护作用。2014年美国FDA批准里利拉鲁肽可以用于单纯治疗肥胖,但是目前国内也是应用于肥胖合并血糖异常或糖尿病的患者,与二甲双胍联合使用可以起到四两拨千斤的作用。

第四个治疗肥胖的方法是中医针灸治疗,这是老祖宗留下的宝贵财富,这一块咱们没有完全去开发。中医针灸大家都比较喜欢,绿色、环保、没有副作用,但是为什么也有些人不喜欢? 因为扎谁谁都疼。但是经过发现,确实就有这么一种针灸扎上去不疼,这是什么原因呢?

首先看一下祖国医学对肥胖的认识,《黄帝内经·素问》里面指出了"甘肥贵人,则高粱之疾也",肥胖从中医来讲,其实就是因为你的脾虚、气虚之后,痰湿在体内聚集,聚集于腹部,朱丹溪认为"肥人多湿",张景岳认为:"肥人多有气虚之证",陈士铎的《石室秘录》有论"肥人多痰,乃气虚也则气不能行,故痰生之"。李东垣在《脾胃论》中亦云"脾胃俱旺,则能食而肥"。中医认为肥胖与脾虚、痰湿、湿热、气滞、血瘀、肾虚有关。具体病机演变多是素体脾虚失运,使痰湿内滞,或过食膏粱厚味,损伤脾胃,导致水谷精微失运,化为膏脂和水湿,阻滞气血,而致形体渐丰。有些男士的啤酒肚,硬邦邦的,在腰上围了一圈又一圈,这基本是痰湿互相交织在一起形成的。

针灸减肥的原理是调理胃肠道,调理内分泌系统。女性产后或者更年期的时候,体重就会忽然迅速增加,就是因为体内雌激素迅速改变形成的。这个时候如果用针灸去调理脾胃的话,将会起到非常好的效果,月经紊乱、闭经,或者色素沉着,都会得到很好地解决。

这就是针灸不疼的针,腹针。为什么它不疼呢? 因为它特别细,比传统针细一半;第二,进针的时候有套管,是迅速进针。腹针疗法是以中医理论为指导,以整体观念、辨证施治为核心,以脏腑、经络为基础,通过针刺腹部穴位调整脏腑、经络及相关部位治疗全身疾病的一种疗法。

腹针减肥就是针对中心性肥胖,中心性肥胖是脂肪过多沉积于腹部的肥胖,腹部是气血运行的必经之路,也是体内痰湿易于积聚之处,肥胖的病机总属脏腑功能失调,气血津液运化失常,痰油水湿积聚内停。肚脐叫"神阙",就是元神的地方,但是你出生之后,就没有得到很好的利用,而你这部分的作用还在,你就要用针灸唤醒这部分调理的作用,改善你的代谢。

下面说说我们内分泌二科的快乐减肥,可以不长期节食,可以不疼,可以无明显副作用,可以减肥不反弹。

第一是精细化的全面评估体系,身高、体重、腰围、臀围等基本数值,这些大家都能测,没有什么特别的;我们还要进一步检测每个人内脏脂肪含量多少,利用双能X线及CT来评估内脏脂肪,同时完善血糖、血脂、胰岛素释放、C肽释放实验以及利用葡萄糖钳夹评估胰岛素抵抗,葡萄糖钳夹技术是目前评估胰岛素抵抗的金标准,是目前国际上先进的技术,我们开展的葡萄糖钳夹技术在山西省尚属第一家医院。

第二是进一步完善前面所讲的5+2轻断食,刚才把背景和作用都给大家讲了,但是核心的东西大家可能还是迷茫的,到底怎么样轻断食?到底吃什么? 这里所说的减肥不是挨饿,而是与食物"合作"。即限定每天的热量摄入为女性500卡,男性600卡,大家可以看一下这个食谱,早晨一个煎鸡蛋100卡,一杯酸牛奶140卡,一个瓜仁薄饼干40卡,加起来280卡,年轻的女士们吃这些是完全没有问题的,不会觉得怎么挨饿;还有另外一种早餐,一个煎鸡蛋100卡,一个蔬果70卡,这是170卡。这样的早餐还是很丰富的,非常精致。

再看午餐,考虑到每日600卡的热量分配,建议午餐暂时还是不要进食了,将剩余的热量改为晚餐食用。因为在中国大家家庭观念很重要,中午在单位不吃也就不吃了,但是晚上和家人坐在一起,有一个小团聚的氛围,那你就把主餐放在晚上。如果按600卡的话,早餐进食170—230卡,晚餐那就还剩430—370卡左右,一个炒菜,西兰花、鸡蛋,再加几个虾仁,这样下来一共是193卡,晚上吃这么一份炒菜行不行?很舒服,一点儿也不难受。晚上还可以进点儿主食,吃点儿菜,轻轻松松地,晚上就可以很舒服地休息了。

最后就是计算主食的热量,米饭三两、面条三两、饼干等等总共350

千卡，只要进食一半，你就不会受到热量影响。早晨有早餐，中午可能会略微有点饿，晚上主食配炒菜再加上蛋白质可以保证基本热量供应，这就是你断食日的食谱，也不是很差。如果你觉得晚上还有点儿饿，稍微挺一挺，到了第二天你就可以正常饮食，不难受，而且不反弹。

如果不爱吃主食，可以配点儿甜点，可以把它搭配一下。如果晚上不想吃主食，也不想吃菜，可以吃水果，一斤半的水果相当于350千卡，晚上如果吃上一斤的水果，确实也就不饿了，这就是为什么女士们想美的时候晚上吃点儿水果也胖不了，也不增加体重。

食谱和套餐是丰富多彩的，大家可以根据不同的选择，去选自己喜欢的。

是不是5+2轻断食，对于任何人都适合？不是的。孕妇、孩童、严重糖尿病患者、刚做完手术和年龄特别大的老年人，不要做轻断食，其他人是可以的。

第三方面就是运动，运动上我们秉持"运动是良医"的理念，依据每一位就诊患者的自身特点，制订出个体化运动治疗方案；我们会根据你的自身情况去设定到底每天应该消耗多少的热量，给你制定每天运动多少、消耗多少，给你一个运动上专业性的指导。

第四方面是腹针的治疗。我们内分泌二科专业发展特点就是中西医结合治疗相关内分泌疾病。之所以选择腹针，最主要的是因为它是

无痛的,男女老幼均适合腹针,同时饮食是标准化的流程及标准化配穴,这些有利于我们日后进行统计分析。

第五方面我们可以根据患者的血糖情况,特别是对糖尿病合并肥胖患者,我们给予综合评估后合理使用二甲双胍、利拉鲁肽及SGLT-2抑制剂等相关药物,遵循指南选择合适的适应证,尽量避免相关不良反应及使用方法、范围的不当。

第六个方面是我们提倡的"快乐减肥"是建议在医院里进行。一方面因为相关的治疗如果放在门诊流失率就会非常高,人都是有惰性的;第二方面是因为入院期间可以给予患者很好的饮食、运动教育,模拟日常家庭生活,避免制订方案是空中楼阁,不切合实际。

以上六个方面就是我们内分泌二科开展的非常"6+1快乐减肥","6"就是评估、饮食、运动、针灸、规范化的药物、院内强化治疗和定期随访;"1"就是对于许多恶性肥胖的患者,我们建议可以手术治疗。

我们提倡减肥,但是不提倡过度减肥,一定要在确保健康的基础上进行减肥。许多女性没减肥之前体型丰腴,最后减成厌食症,结果变成骷髅一样,你们觉得这样美吗? 一点儿也不美。所以减肥的最佳标准是:

> 远望似山,身影飘摇秀妙曼,佳人丽影丰腴尤俏,虽有丰
> 腴不见宽阔臃肿;
> 近至怡然,堪堪笑颜显梨涡,圆润芳华丽荣极妍,不施粉
> 黛便有羊脂玉肌。

减肥要健康地减,要快乐地减,要减到合适效果,这才是减肥的最佳效果,谢谢大家!

与医学的对话

——走进一个不为大众熟悉的世界

双卫兵

九三学社社员,医学博士,博士生导师,山西医科大学第一医院主任医师,中华全国青年联合会委员,中国青年科技工作者协会理事;山西省学术技术带头人,山西省高等学校优秀青年学科带头人,山西省五四青年奖章获得者,山西省科技奉献个人一等奖获得者。山西省首批援疆人员(记三等功2次,嘉奖1次),新疆兵团第六师五家渠市首届青年五四奖章获得者。

尽管人们说医学是通过科学或技术的手段处理人体的各种疾病或病变的学科。但是高科技依然没有办法把所有的疾病都治好,高科技发展的过程中,我们会发现有越来越多的病。当然,这并不是病多了,而是我们对疾病的认识越来越多了。医疗水平的提高,让我们活的时间更长。在新中国成立前,中国人平均寿命是40多岁。现在我们的平均寿命是多少?75岁(男性74岁,女性77岁),有些发达地区,达到了80岁。由于人的寿命延长了,相应的疾病也就出现了,像慢性病、老年病,成了主要的病种。

很荣幸能在山西省图书馆做讲座,和大家一同了解医学世界。

我国的历史上,有很多次非常重要的对话。商朝末期,周文王和姜子牙在渭水河边有一段著名的对话,这就是"取鱼三诀"。姜子牙说:"凡是河流源头渊远者,河水必然奔流不息,于是才有鱼群栖息;树大根深者必定枝繁叶茂,于是才能果实丰硕。同样的道理,人与人之间唯有相互理解,心灵相通,才有发展伟大事业的前提。比如在溪边垂钓,小鱼总是盯着小饵,若有若无的钓线使它放松了警惕;稍大些的鱼儿总是看好块大味香的饵料,即使是钓钩就在身边,为求得香甜的美食,它也会忘掉危险而冒险一搏。而要想钓到大鱼,就要安上大块饵料,钓线也要粗壮结实,否则就会失之交臂,鱼饵两空。鱼一旦吞下钓钩,钓线就牢牢地牵住它;用人也是如此,人才一旦接受了相应的待遇,便会为施恩者尽心竭力地服务。用网捕鱼,会有漏网的;可用饵钓鱼,却可以把水中之鱼陆续钓尽。同样的道理,提供相应的待遇,就可以把天下的人才都招揽而来。悬纶垂钓与治国平天下,虽事有大小之别,目标也有高下之分,然而其中的道理却是相通的。"由于姜子牙的这番话,所以周王朝非常注重人才的使用和待遇,这也造就了周王朝近800年的历史。

东汉时期,刘备和诸葛亮有一段非常著名的对话,被陈寿记录了下来，叫作"隆中对"。诸葛亮向刘备分析了当时的时局，他说"自董卓以来，豪杰并起，跨州连郡者不可胜数。曹操比于袁绍，则名微而众寡，然操遂能克绍，以弱为强者，非惟天时，抑亦人谋也。今操已拥百万之众，挟天子而令诸侯，此诚不可与争锋。孙权据有江东，已历三世，国险而民附，贤能为之用，此可以为援而不可图也。荆州北据汉、沔，利尽南海，东连吴会，西通巴、蜀，此用武之国，而其主不能守，此殆天所以资将军，将军岂有意乎？益州险塞，沃野千里，天府之土，高祖因之以成帝业。刘璋暗弱，张鲁在北，民殷国富而不知存恤，智能之士思得明君。将军既帝室之胄，信义著于四海，总揽英雄，思贤若渴，若跨有荆、益，保其岩阻，西和诸戎，南抚夷越，外结好孙权，内修政理；天下有变，则命一上将将荆州之军以向宛、洛，将军身率益州之众出于秦川，百姓孰敢不箪食壶浆以迎将军者乎？诚如是，则霸业可成，汉室可兴矣"。由此，确定了"三足鼎立"的策略。

在医学上也有一段重要的对话——黄帝和岐伯的对话，这段对话开启了中国医学的全息图谱。对话收录在不朽之作《黄帝内经》里，这部书是最早记录中医的书籍。在这里记录了很多重要的内容，认为所有的病都来源于"气"，"怒则气上，喜则气缓，悲则气消，恐则气下，惊则气乱，思则气结"。

今天，我和在座的各位也想有一场对话，但是这场对话不是我个人和大家的，是想让大家和医学有一场对话，让我们走进这个不被大众熟悉的世界。我今天所讲的内容是开放的，不合适的地方可以随时打断。

一、医学历史

如果讲医学的历史，今天的时间是讲不完的。我把一些重要内容提炼出来和大家分享，让大家了解一下医学是怎么一步一步走过来的。

我刚才看了一下，在座的有医学背景的人不多。在我们平时的印象当中，大家习惯于把医学分成两类：中医和西医，所以我们尽量把中医和西医的内容结合在一起为大家讲述，因为很多时候他们是相通的。

（一）原始医学

我们把最初的医学叫作"原始医学"。这是远古时期人类自发出现的一种不自觉的行为。我们离远古时期比较遥远，对当时的情况不是很了解，但是可以确定当时的医疗卫生状态是非常差的。通过文献的只言片语，我们了解到："上古之世……民食果蓏蚌蛤，腥臊恶臭而伤害腹胃，民多疾病"（《韩非子·五蠹》）。"古者，民茹草饮水，采树木之实，食蠃蚌之肉，时多疾病毒伤之害"（《淮南子·修务训》）。由于饮食和卫生状况非常差，很多人不到成年就生病去世了。

在原始社会这种状态下，人们如何来给自己治疗疾病的？由于人们还不了解疾病，还没有能力把食物与药物分开。只是在吃东西的时候，他们发现一些食物能缓和身体的不适，一些食物吃完以后不舒服，判断这些食物有毒。原始人类已经有了骨针，疼痛的时候，他们就会用骨针在身体的一些部位进行捶击，发现了利用骨针对特殊位置针刺可舒缓某些部位的痛楚；而且还发现用兽皮、树皮包上烧热的石块或沙土做局部取暖可消除某些病痛；还有体表出血迅速地用手掌压迫，这个血就不出了，有些时候也可能随手抓一些树叶、泥土涂敷，久而久之他们发现某些植物可以止血和减轻疼痛，用了伤口好得很快，这样使用药物的经验就慢慢地积累起来了。

对于原始医学，我们缺乏相关文献的记载，只能通过考古学的方式来了解。人的肉体经过几千年、上万年肯定就没了，能留下来的是牙齿或者骨头的化石。有化石记载大约在公元前6000年到1万年的欧洲，一些人类头颅骨上有过环状的钻孔，这是不是当时的开颅手术呢？1995年，我国山东地区大汶口文化遗址发现的一具5000年前的成年男子颅骨上也有钻孔的痕迹，而且这个钻孔周围的骨头有愈合的痕迹，那么也就是说五千年之前，这个人头上钻过孔，还活了一段时间。所以在当时可能有一种类似于现在神经外科环钻术的操作方式。它是干什么用的？它可能是治病的，也可能是一种惩罚性的措施。因为我们发现的很多颅骨化石上面，女性颅骨被钻孔的居多。但是也有治疗疾病的可能，因为我们看到钻孔颅骨有愈合的痕迹，也许古人头疼欲裂，实在疼得不行了，那就钻一个孔吧，这样也可能头痛就缓解。这也可能和神话有关系，也许古人认为钻一个孔，恶灵就出来了，疾病就治愈了。

原始社会，由于人们对生命的无知，对疾病和死亡的无奈，他们认为神控制着人的灵魂、肉体和健康。人的生命和健康都是神灵所赐，疾病和灾祸都是天神的谴责。神如果要惩罚一个人，就会让他生病。在这种情况下，医学必然和神灵相关，我们把它称之为"神灵主义医学"。一些传说中的神话人物，或者一些当时可能确实存在的英雄人物也被作为医神来对待。比如我们三皇之首的伏羲，他就被当作医神对待，据记载，"伏羲氏尝草制砭，以制民病，而人滋信（《路史·后纪》）"。神农也在治疗疾病当中做出了很多的努力，"尝百草之滋味，水泉之甘苦，令民知所避就。当此之时，一日而遇七十毒（《淮南子·修务训》）"。事实上神农是不是在真正地寻找药物？很可能他是在寻找食物，在这期间，他把可以作为食物和药物的东西区分出来了，让大家进行食用和治病。

在西方医学也有很多和神话有关的故事。阿斯克勒庇俄斯是太阳神阿波罗之子，作为西方医学的医神，他的蛇杖已成为医学院校、医疗机构等通用的标志。阿斯克勒庇俄斯有两个女儿，海金亚为司健康女神，她能驱病祛瘟，保佑人们健康，另一个女儿巴拿西是药物治疗庇护神。

古希腊神话中有命运三女神，她们是宙斯的女儿。这三位掌管万物命运的女神中，最大的克罗索掌管未来，并纺织生命之线；二姐拉克西斯负责决定生命之线的长短；而最小的阿特罗波斯，权力却最大——她掌管死亡，负责切断生命之线，即使是天父宙斯也不能违抗她们的安排。

除了我们人本身不自觉的、自然的医疗过程以及对医疗的探索之外，很多神话的成分也融入原始医学之中。当然，进入古代医学阶段，神灵主义依然存在。

（二）古代医学

古代医学之所以和远古医学有区别，在于进入古代医学阶段，医学理论已基本形成，并且出现了分科，比如脉学、针灸学、药物学，同时出现了不同的医学流派，尤其在中医。

春秋战国时期，有两个比较重要的医生，一个是扁鹊（秦越人），开创了"望闻问切"四诊；到了东汉时期，张仲景写下了《伤寒杂病论》，因为他做过太守，有时候会在衙门大堂上给病人看病，所以现在我们还对中医大夫看病称之为"坐堂行医"；到了唐代，"药圣"孙思邈写下了两本重要的书《急备千金要方》和《千金翼方》，二者合称为《千金方》，这是中国第一部医学百科全书；明代末期的李时珍，是大家都非常熟悉的一名湖北医生，他走遍全国各地寻访药物，写下了我们所熟悉的《本草纲目》。

古代医学时期是中医的奠基阶段，最早的中医文献——《黄帝内经》分为两部分——《灵枢》和《素问》，此书对人体内脏结构进行了详细的阐述。比如《灵枢》篇说：人体的外部形态，可以由测量得知，而内脏位置形态改变也可由触诊感知；并提到"若夫八尺之士，皮肉在此，外可度量切循而得之，其死，可解剖而视之。其脏之坚脆，腑之大小，谷之多少，脉之长短……皆有大数"。我们刚才提到了扁鹊（秦越人），和他同时代还有一个著名的医家叫淳于意，因为做过太仓的管理员，人们尊称他为仓公，他们因为杰出的医学成就，被司马迁的《史记》记入《扁鹊仓公列传》。《伤寒杂病论》记录了东汉当时比较多发的肠道传染疾病，当然书中还记录了其他疾病。由于张仲景能把他的医学实践以文字流传下来，并对后世医学产生了巨大影响，所以他被尊称为"医圣"。

我们刚才提到的《千金方》是唐代最杰出的医药学著作，《急备千金药方》里面记录了4500多种药方，《千金翼方》记录了2000多种药方。李时珍的《本草纲目》收集药物种类是比较多的，但在唐代官方就已经有一本药物专著——《唐本草》，这是我国官方药学的最早典籍。

我们再看一下四大文明古国的其他国家。在古印度，有一个我们也非常熟悉的人叫乔达摩·悉达多(公元前6世纪—公元前5世纪),他是释迦族的人,尊称为"释迦牟尼""佛陀"。他是真实存在的一个人,他在传播佛教的过程中,也是医者的身份,并且他所有的信徒都认为看护病患是一个佛教徒应该做的分内事之一,而且在佛教盛行的阿育王时期,寺庙也是医学教育中心。流传下来的很多佛经和医学相关,例如《佛医经》《除一切疾病陀罗尼》。在《佛说父母恩重难报经》当中,除了讲要孝顺父母以外,还描述了胚胎的发育过程,和我们现在的胚胎学内容非常类似。在佛经里面也讲到了细菌学的概念,《大乘本生心地观经厌身品第七》中:"亦如大肠,八万四千虫所住故。"它以"虫"来描述,这种"虫"就是微生物。

我们再进入埃及,去了埃及,大家最惊叹的是什么?是金字塔。和金字塔相关的一个人叫伊姆霍泰普,他是第一个设计和构建金字塔的人,同时他也是埃及的健康之神,他把古埃及的一些医学知识在莎草纸上记录了下来,后来被一个叫艾德温·史密斯(1822年—1906年)的古董商获得,这份古埃及的医学典籍因此被称为《艾德温·史密斯纸草文稿》,该文献主要记载了48个外科病例。此外还记载了火棍疗法、冷敷疗法、外科手术、药物治疗等内容。史密斯纸草医学文献所反映的资料表明,古埃及医生对人体的解剖、生理、病理等已有了一定的认识,认为通过切脉可知道病人心脏的情况。

讲到西方医学,我们不得不说古希腊的希波克拉底,他被尊为"西方医学之父",他是古希腊非常著名的医生,同时也是整个西方医学的奠基人,他的重要贡献很多,其中被人们所熟知的就是"体液学说",根据体液来对疾病进行诊断。而且希波克拉底实际上已经开始逐渐摒弃一些所谓的神灵医学。有这样一个小故事,一天,希波克拉底在市场上见到一个人突然神志丧失,全身抽动,面色青紫,嘴里还吐出泡沫。周围的人都惊慌失措地喊道:"这人中了邪啦,快去请巫师来!"而希波克拉底斩钉截铁地回答说:"我相信这是脑子出了问题,才变成这个模样的"。当时他就认识到,大脑可以引起晕厥和癫痫的发作。

西方医学对解剖学较为可信的记载,是从古代希腊名医希波克拉底开始的。希波克拉底是公认的解剖学鼻祖。他对头骨做了正确的叙述,但是他也有错误,把神经和肌腱混淆起来。另外西方还有个哲学家叫亚里士多德,亚里士多德是动物学的创始人,他把动物解剖所得的结果移用于人体,他把神经和肌腱区别开来,并且指出心脏是血液循环的中枢,而且血液是从心脏流出,然后进入血管。

古罗马有个医学家叫盖仑,他写了《医经》,这本书在整个中世纪一直都被视为最高权威。在罗马人统治的时期,人体解剖是严格禁止的。因此,盖仑只能进行动物解剖实验,他通过对猪、山羊、猴子和猿类等活体动物实验,在解剖学、生理学、病理学及医疗学方面有许多新发现。他还对植物、动物和矿物的药用价值做了比较深入的研究,在他的药物学著作中记载了植物药物540种,动物药物180种,矿物药物100种。尽管盖仑有些理论是错误的,但是他对于最初的西方医学发展起到了指导作用。

意大利天才画家莱昂那多·达·芬奇(1452年—1519年)解剖了30多具尸体,画了约800幅解剖图,这使他被称为历史上的解剖学之父。但是因为这些解剖图没有公开发表,因而对医学的进步没有产生明显影响。

真正对解剖学起了巨大推动作用的人叫安德烈·维萨里,他出版了《人体机构》一书,书中附有300余幅精细而生动的木刻插图,这些画是比利时著名画家让·范·卡尔卡的杰作,是那个时代最精确、最完美的人体解剖图。该书奠定了近代解剖学的基础,但当时神学一统天下,由于安德烈·维萨里进行了被教会所禁止的人体解剖,触犯了教会的权威,因而遭到了教会的指责和迫害。与《人体机构》同一年(1543年)出版有哥白尼所著的《天体运行论》,这两本书对于中世纪神学的统治是个巨大的冲击。学者们一致认为,这两本旷世巨著的出版,标志着中世纪的结束和现代科学的诞生。

每个人都经历过疼痛,在古代怎么治疗疼痛的?在西亚古国阿西利亚曾经用压迫颈部血管引起病人昏迷的方法,实施包皮环切术。1562年法国医生Pare用绑扎四肢的方法,以压迫神经血管减轻手术疼痛。1595 年 Costa、1661 年 Severing 等应用冷冻的方法止痛;以后又有人采用放血的方法,使病人产生脑贫血引起失神而进行手术。另外还有一种方法——喝酒,利用病人在酩酊大醉的情况下进行相关治疗,我们知道,华佗曾经为关羽"刮骨疗毒",当时关羽就是用喝酒来缓解疼痛的。

由于我们对于相关医学知识的不断积累,医学理论也逐渐丰满了起来,我们由原来的神灵主义医学模式,也逐渐进入生物医学模式,我们进入了医学的新纪元——"近代医学"。

(三)近代医学

近代医学有四大突破,包括麻醉、消毒、输血和免疫。

麻醉技术的提高加快了外科学的突破。19世纪40年代人们试用乙醚和笑气(一氧化二氮)全身麻醉,进行拔牙和切除表面肿物的手术。随后,乙醚、氯仿相继被用作全身麻醉药。1824年,希克曼在乙醚的麻醉下完成了截肢手术。

1846年,一个匈牙利医学生塞梅尔魏斯毕业后分配到首都的维也纳总医院妇产科,他发现这里产妇死亡率奇高,每年有500多名产妇会死在这家医院。后来他的一个同事在解剖死亡产妇的时候不小心割破手而意外死亡,他推断,产褥热可能是由于不干净的手,或者不干净的器械带给产妇的,他提出了要拿漂白粉洗手的理念。这之后产妇的死亡率明显下降。

消毒的发展过程中,还有一个非常值得纪念的英国人——李斯特,他认识到伤口中的腐烂和分解过程是由微生物所引起。1865年他用石炭酸消毒法进行复杂骨折手术获得成功;他还用石炭酸消毒手术室、手术台、手术部位和伤口,大大地减少了创伤化脓和手术后的死亡率。但是石炭酸有腐蚀作用,人们后来发现器械通过加热灭菌的方式也可以达到消毒杀菌的目的。此后,器械和敷料的消毒逐渐由石炭酸变为了加热灭菌。同时,手术人员开始重视清洁并穿戴灭菌的手术衣、手套和口罩,过去手术室内的大量围观者也被禁止入内。

手术过程当中非常致命的问题就是出血,出血控制不了,或者无法纠正,是阻碍外科学进展的绊脚石。一些人就想,我能不能把别的动物的血输进来缓解失血状况？17世纪的洛厄尝试把羊的血输给了一个人,这个人是个精神病人,输入羊的血以后他竟然没有死。但是随后,把动物血输给其他人,却接二连三地出现了死亡,当时法国政府不得不明令禁止输血治疗。那么人的血能不能输给人呢？人们在不断尝试,直到1875年,有一名叫兰多伊斯的医生发现人和人的血是不一样的,出现输血反应的原因是红细胞凝集现象。最初,他把血型分作A、B、O型,后来发现不是只有这三种,还有一种和A、B型都有反应,他将其称之为AB型。由于血型的发现,解决了输血的问题,使失血患者和需要外科手术患者的成活率大幅上升。

　　除了和外科相关的上述技术,值得一提的近代医学发展还有免疫学的发展。免疫技术使祸害人类的几十种疾病,可以提前进行疫苗接种,近而得以终身预防。我国历史上曾经有过天花流行。清宫档案记录,顺治皇帝死于天花。那么康熙为什么能接替皇位？一个重要原因就是他得过天花,但是治好了,不会再被天花感染而死亡。我国医学发现天花其实是可以预防的。具体预防天花的方法有:1. 痘衣法,2. 痘浆法,3. 旱苗法,4. 水苗法。痘衣法就是给健康孩子穿上患过天花孩子的衣服,或者把这件衣服用痘液浆洗过,使这个孩子也感染,但引发的是轻症,这一系列方法后来也被西方医学所采用。牛痘接种预防天花,是英国医生琴纳发现挤牛奶女孩的手上被牛的天花病毒感染起了牛痘,随后就不再被天花感染了。他想是不是可以把牛痘在人身体上接种,让人接种以后就不得天花？一开始,他这种方法受到很多医生的反对,很多人都抨击他,但是接种牛痘的方法逐渐被很多人试用以后,发现真的可以预防天花。牛痘接种在我们国内用得比较少,牛痘接种的推广得益于在广州"十三行"的资助。1977年10月26日,索马里的一个叫作阿里·马奥·马丁的厨师作为全球最后一名天花患者被治愈,天花作为一种传染病被彻底消灭。

　　近代,由于清政府国力衰弱,中医的发展受到了一定的桎梏和约束。并且西医治病快捷的特色,对一般患者来说,接受度更高一些。

因此,这个时期,中医处于相对停滞的状态。直到"中西医结合"的提出,使中医学进入了继续向前发展和探索的重要时期。"中西医汇通派"创始人之一的唐宗海写了五本书,他提出中医和西医的原理是一样的,中医和西医所不同的地方,在于中医长于气化,而西医长于解剖。在这个时期,"中西医结合"的提法是"中西医汇通"。

(四)现代医学

随着科学技术的进步,医学也在不断进步。人们对于健康的要求也有了新的变化。同时,疾病谱和死亡原因也出现了新的变化。我们的医学模式也由原先生物医学模式逐渐转变为生物—心理—社会医学模式。

现代医学的发展首先体现在对生命和疾病认识的深化。分子生物学的建立和人类基因组计划的实施促使了生命和疾病研究的飞速发展。1909年丹麦生物学家约翰森提出的"基因"一词,取代了以往的"遗传因子"。1928年,摩尔根出版了《基因论》;1953年,美国的沃森和英国的克里克公布了DNA的双螺旋结构。随着对基因的逐渐认识,人们开始对一些遗传疾病进行探索。1985年,在美国能源部的德利西和史密斯首先提出了人类基因组的计划。1990年,美国宣布建立人类基因组启动计划。1989年,国际人类基因组组织(HUGO)成立,随后,我国也加入了该组织,开展人类基因组的全球合作研究。2001年2月,医学界最权威的两本杂志《自然》和《科学》公布的人类基因组全序列数据,标志着人类基因组草图的诞生。

现代医学的发展还得益于传染病的研究和新的病原微生物的发现。像诱发胃病的幽门螺旋杆菌;一些比细菌更小的微生物,譬如立克次体。由于立克次本人在研究这一病原微生物时被感染而死亡,后来当立克次体被真正观察到时,该微生物便以"立克次"的名字来命名;再有就是支原体和衣原体,这个必须要提一下汤飞凡教授,当时他为了培养出衣原体,拿自己的结膜来培养衣原体,最后由于感染失明。对于病毒的深入认识,让我们知道了前段时间非洲流行的埃博拉是怎么回事,也知道了疯牛病、库鲁病、艾滋病的感染原因。

维生素的发现是 20 世纪医学所取得的重大成就之一。1896 年，荷兰科学家艾克曼发现糙米和牛奶中存在一种"辅助的食物因子"。随后的一些研究证实这些物质是维持生命所必需的，并将其命名为"Vitamine"（生命胺），中文翻译为"维生素"。随着对维生素的不断研究，发现有的维生素溶于脂，有的是溶于水；并将其具体分成了 A、B 族维生素、维生素 C、维生素 D、维生素 E、维生素 K 等。

再有就是发现和分离出了激素，像我们甲状腺的激素、肾上腺的激素、胰岛的激素、性激素以及神经激素，随着对这些激素的深入认识，一个独立的学科——内分泌学也随之创立。

免疫理论和技术的重大突破也是现代医学的重要成就。随着我们对免疫学探索的逐渐深入。我们知道了什么是抗体，建立了抗体形成理论。并在这些理论的指导下研制出了一系列预防疾病的疫苗。近代医学时期认为治不好的疾病——肺痨（肺结核），到了现在，我们觉得这都不算问题，原因就是我们研制出了卡介苗。再有，小孩出生以后都会打一些防疫针，预防什么？有预防脊髓灰质炎的，预防乙肝、百日咳、白喉、破伤风的，等等。单克隆抗体杂交瘤技术的建立，可用于激素、酶等生物活性物质的鉴定、纯化，癌症早期诊断和治疗，艾滋病检查……再有就是发现同种组织和异种组织之间，存在着一种组织相容性的问题。通过开展对组织相容性的研究，器官移植也变得可行。简单来说，器官移植就是将身体的一部分（如细胞、组织或器官），通过手术或其他途径，移到同一个体或另一个体的特定部位，使其继续存活的方法。在 20 世纪末，技术的发展解决了移植中的三大难题——血管吻合、移植物保存和器官排斥，从而使器官移植逐渐由动物实验向临床应用过渡。目前，肾脏、肝脏、心脏、胰腺等的移植逐步获得了成功。尽管器官移植还存在多种问题，如移植排斥反应、供体缺少等，但我们相信在未来，这项技术一定会让更多的人受益。

据英国《每日邮报》报道，中国医生任晓平率领的团队准备与意大利医生塞尔吉奥·卡纳维罗携手，在中国进行全球首例"换头术"，该项手术拟定于 2017 年 12 月在哈尔滨医科大学的附属医院进行。换头手术过程非常复杂,全球首例换头手术能成功吗？我们如果读过《聊斋》,就知道其中有一个"陆判"的故事,写的就是神话中换头的故事,故事中换完头,这个人的老婆变成了另外一个人的性格。那么如果换头成功,这个人如果真的活了下来,是不是会面临着更加痛苦的事情？也许手术后遇到的问题比死更难受。换头术从理论上是可行的,但是从伦理学角度来说,我们还要慎重,不是每一项医学进步都可以应用于临床。

再有一点就是宫颈癌疫苗,宫颈癌疫苗其实已经研究了很久,我国2017年才上市,这个宫颈癌疫苗目前有2价、4价、9价等多种,其适用人群也存在年龄限制。但是这种疫苗的研发成功,至少可以让我们的年轻女性将来患宫颈癌的概率大大降低。

现代医学的发展还包括疾病诊断和治疗的进步。伦琴发现了 X 射线后,他在1895年给他的夫人拍了一张手的 X 片。随后研发出了 CT,诊断的准确性有了极大的提高。另外,通过生物电的研究,我们发现通过心电图可以了解心脏的问题;通过脑电图可以了解脑部的问题,通过核磁共振可以了解软组织的变化。

在物理学诊断的基础上,抗生素的研究也在热火朝天地进行着。德国的埃利希医生,在阅读文献时发现"锥虫红"可治疗非洲昏睡病,但是毒副作用大。于是,他经过不懈的努力,在第606次研究的过程当中,发现一种药物不仅能治疗非洲昏睡病,对梅毒也有所作用,因此把它叫作"606"。"606"不仅能治非洲昏睡病;对梅毒也有极好的疗效。

我们经常看一些电视剧,抗战时期,有些人就因为一支青霉素活了下来。1928年,英国的弗莱明发现青霉素,后来于1945年问世,弗莱明、弗洛里、钱恩这三个人因之获得了诺贝尔生理学或医学奖。他们对于人类健康的贡献是巨大的。

现代医学的进步,更重要地体现在外科学的进步,比方说麻醉药物有了更多的选择,例如:羟丁酸钠、氯胺酮、依托咪酯、安泰酮、异丙酚等静脉麻醉药;20世纪50年代以后有异氟烷、甲氧氟烷、安氟醚、异氟醚、七氟烷等出现。目前,麻醉药物多达数百种,极大丰富了全身麻醉的用药内容。此外，肌肉松弛药的出现和应用，进一步改善了全身麻醉的效果。

现代医学的进步也体现在手术器械的改进方面，很多微创设备和器械相继研发成功。达·芬奇机器人手术系统是目前微创外科领域最为先进的手术系统，前段时间我有个腔静脉癌栓的病人的手术就是用达·芬奇机器人系统做的，操作精准，出血只有10毫升，而传统的手术可能失输血2000毫升以上。

以往，心脏是手术的禁区。但在1938年，格罗斯开创了手术治疗先心病的先河。1944年，布莱洛克与陶西格通过体肺动脉吻合术治疗了一例法洛氏四联症。1961年美国的斯塔尔和爱德华兹研发了人工心脏瓣膜。

1963年，陈中伟院士完成了世界首例断肢再植手术，到目前为止，我国在断肢再植方面依然在世界上处于领先地位。此外，还要关注一下介入治疗，通过介入治疗安置心脏起搏器，可以使随时存在停跳风险的心脏有了一个保驾护航的装备。

再有就是克隆技术和辅助生殖技术的发展，让我们见证了克隆羊——"多莉"诞生、试管婴儿的培育。

（五）未来医学

未来医学是什么样的？神话故事中所讲的内容可能都会实现。因为我们现代医学已经实现了神话中的一些东西，比方说换心；《西游记》中孙悟空拔根汗毛变出很多小猴子，克隆技术就做到了；比如说彭祖手指一弹石头就碎了，我们的体外碎石技术也实现了。

未来医学将会在智能领域、数字化领域等多个维度内发展，现在还无法治疗的疾病，也会在将来找到更好地方法。

二、什么是医学

讲完医学的历史，现在让我们来了解一下什么是医学？传统医学的起源，几乎都是和宗教相关的，甚至可以说医学和宗教是同一起源的，我国历来就有"医巫同源""道医不分"的说法。这是我们中国制造的"医"字——"毉"，它体现了医巫同源。刚才我们已经讲过，像释迦牟尼传道的过程、耶稣传道的过程，都把看护病人作为重要的使命，英文的医学——"medical"，其最初的意思就是咒术和魔术。卫生学的英文是"Hygiene"，它是由司健康女神海金亚（Hygeia）演绎而来；万灵药的英文是"Panacea"，作为一种可以治疗一切疾病的药物，它以希腊治疗女神巴拿西（Panacea）命名。有一种植物叫作颠茄，德国药剂师曼恩从颠茄的根中分离得到阿托品（Atropine），阿托品的命名也是由命运女神阿特罗波斯（Atropos）而来。

治病救人是宗教的神圣使命，同时也是医学的神圣使命。医学的目的就是1.预防疾病和损伤，促进和维持健康；2.解除病灾引起的疼痛和痛苦；3.照料和治愈那些有病的人，照料那些不能治愈者；4.避免过早地死亡，追求安详死亡。

尽管人们说医学是通过科学或技术的手段处理人体的各种疾病或病变的学科。但是高科技依然没有办法把所有的疾病都治好，高科技发展的过程中，我们会发现有越来越多的病。当然，这并不是病多了，而是我们对疾病的认识越来越多了。医疗水平的提高，让我们活的时间更长。在新中国成立前，中国人平均寿命是40多岁。现在我们的平均寿命是多少？75岁（男性74岁，女性77岁），有些发达地区，达到了80岁。由于人的寿命延长了，相应的疾病也就出现了，像慢性病、老年病，成了主要的病种。朗景和院士讲过："自从有人类开始，便有了医学。尽管它的启动是原始的、落后的，甚至是自然醒的、不自觉的……也会遇到缺乏人道的医疗服务，但救死扶伤毕竟是人性善良的体现，进而成为文明社会的一种责任，医学是人学，是生命的本源表达，是医学的终极关怀。"

100多年前，医学教育家——威廉·奥斯勒就曾指出，医学实践的弊端在于：1.对历史洞察的贫乏，2.科学与人文的断裂，3.技术进步与人道主义的疏离。这三道难题至今依然困惑着我们现代医学及医疗的发展与改革。这些弊端要求医学和人文精神不能分割，因为医学是一种专业，不是一种交易。作为一个医者，从事医学工作是使命，不是一个简单的行业,它是一个用心、用脑的事业。

医学不是纯科学。如果我们以纯科学、纯自然的观念对待医学将导致机械唯物论、存在主义。在医学上,解剖有变异、生理有动态、同病有差别,不可以完全用各种数据和结果去解释患者的病征或"生活体验"。而且患者是按照其生活和自身体验看待功能障碍或问题的,这和医生的思路有时并不相符合。

疾病的诊治要遵循两个原则,1.科学原则——针对病情,2.人文原则——针对人情。人文原则,就是要根据病人的心愿、意愿和生活质量,以及个人和家庭的需求,治疗的同时兼顾双方。医生一般选择他最有把握的方式,而病人选择他最情愿的方式,要保证有效,同时还要保证安全,有时候,这个方法,这个手术适合这个病人的病,也可能不适合,我们不能让我们熟悉的方式来解决本不应该属于他解决的问题。

医学有很大的局限性,存在着很大的风险。医疗活动是在人体上实施诊断和治疗的方式。我们的电视、电脑坏了可以去修,实在修不好可以再买个新的。人生病了,治不好能不能再换一个人呢? 这个多少钱可以买得来? 所以我想让大家了解一下医学的局限性。

(一)认识的局限。为什么我刚才先讲医学的历史? 因为在医学的发展过程中,对疾病的很多认识是不全面的、局限的。在最初的时候对内脏的认识源于动物的解剖,因此,中世纪的西方医学认为肝脏是五叶的。人体的解剖是从16世纪才正式开始的。

(二)方法的局限。医学的局限性在于方法的局限。100年前没有输血,到了近代才有了输血,以前没有抗生素和麻醉剂,那时候外科手术就是一个撞大运的过程。而且不管你在哪个阶段,疾病都不可能被人类征服,比方说细菌,青霉素刚出来的时候,其抗菌有神效;但是现在耐药菌越来越多,青霉素已经很少使用;我们以前在刚开始使用一代、二代头孢的时候杀菌效果也很好,现在很多感染的治疗只能用三代头孢。

疾病不可能被人类征服,它们总是伺机反扑,或者"提升水平",把人类一次一次地推向陷阱。比如艾滋病、SARS等。

（三）感知的不确切。人的感知有时是不确切的。同样的事物，由于看问题的角度不同，其结果可以大相径庭。科学并不说"我什么都知道"，科学只知道一部分，或者知道你现在所处时期，你认为正确的一部分。说一个药"包治百病"，这肯定是谎言，没有一种药物是可以包治百病的，什么都能治，就意味着什么都不能治，如果有人宣扬一种药物，说这种药物没有任何毒副作用，那么这种药物就没有作用，记住，是药三分毒。

医学实际上也是对一个"什么是真"的共识的过程，这个"真"是社会和历史的状态，并不是科学和客观的准确性。

（四）不可避免的误诊。医学的局限性还在于误诊是不可避免的。没有一个大夫说他这辈子没有看错过病。我承认我也有过误诊，但是我努力在做一件事情，就是把误诊率降到最低。

（五）治疗并不意味着治愈。治疗并不总意味着治愈某种疾病，有时候只是对病人痛苦的减轻，只意味着体恤。实际上在医疗的过程中间，我们更多的是无能为力，这就是医生的无奈和局限。

当然，有些病是没必要治的。还有一些病没有确凿证据说明什么方法有效，还有一些病不治疗可能比治疗效果还好，也许最好的方法是不做治疗。我们的干预有些时候是不成功的，医学必须要有勇气说出这样的话。

有些病、有些状态是生理性的，或者是应激性的。比如以前把同性恋划归到精神病，但现在已经证实是一种正常状态，只是性取向的差异。相当于我们有些人爱吃米，有些人爱吃面一样。再有，像一些艺术家进行创作时会呈现出一种亢奋状态，这是不是病呢？这也不是病。

有些病是越治越坏。尽管葡萄牙人莫里茨（1874年—1955年）提出的前额叶脑白质切除术治疗躁狂症精神病获得了1949年的诺贝尔生理学或医学奖，并且在1942年至1952年，美国万余名患者接受了该手术，但是患者在术后出现了很多严重并发症。所以对于疾病理解越多，预防的潜力就会越大。作为医生，我们就像提灯人，不管我们把照亮医疗的灯投射得有多远,在我们所能照到的地方之外,周围依然是我们所不知道的东西,所以我们需要一点一点去探索,一点一点去提高我们的技术,不断解决相关问题。

我们将医学归纳为"3P"——1.预测(Prediction),2.预防(Prevention),3.个体化(Personalization)。由于疾病在某些方面不确定,所以医务人员讲话的时候是留有余地的,面对一些疾病的时候,我们会说"大概"(Probably),会讲"可能"(Possibly),会给你说出我们期望(Prospectively)怎么去做,所以请大家原谅医生,因为一名好的医生不会给予患者过多不切实际的许诺。

医学的核心其实是人文精神,这种精神体现了医者的品质和责任。我们不能抛弃爱心、责任心和进取心,因为我们看的是病人,而不是疾病本身,医学的价值也在于医者的信仰和患者的希望。"有时去治愈,常常去帮助,总是去安慰",这句话体现了医学古往今来的一种状态。但是医学又是最美和最高尚的艺术。对于医学而言,仁心仁术就是对它最好的定义。

三、如何做一名合格的医生

怎么样做一名合格的医生?孙思邈在《大医精诚》中讲:"博学而后成医、厚德而后为医。"明代裴一中《言医·序》中讲:"学不贯今古,识不通天人,才不近仙,心不近佛者,宁耕田织布取衣食耳,断不可作医以误世!医,故神圣之业,非后世读书未成,生计未就,择术而居之具也。是必慧有夙因,念有专习,穷致天人之理,精思竭虑于古今之书,而后可言医。"裘法祖院士说:"德不近佛者不可以为医,才不近仙者不可以为医。"作为一名医生我感到自豪,因为从事医学专业的人境界离仙佛最近。

以前要求学医的人必须正式宣誓,宣誓的内容主要就是"希波克拉底誓言"。希波克拉底和孔子是同时期的人,他通过简练的十句话向世人公示了四条戒律:1.对知识传授者心存感激;2.为服务对象谋利益,做自己有能力做的事;3.绝不利用职业便利做缺德乃至违法的事情；4.严格保守秘密，即尊重个人隐私、谨护商业秘密。

希波克拉底誓言第一句和最后一句这么讲：

仰赖阿波罗、阿斯克勒庇俄斯、海金亚、巴拿西及天地诸神为证，鄙人敬谨直誓，愿以自身能力及判断力所及，遵守此约。

尚使我严守上述誓言时，请求神祇让我生命与医术能得无上光荣，我苟违誓，天地鬼神实共殛之。

这个"殛"是什么意思？是雷劈的意思，所以就是要让自己有一份敬畏之心。

在行医的过程当中，难免也会遇到被人不理解的时候。正如在产室内，医生会拍打刚出生的小孩。有一点医学常识的人就知道，如果不是医生拍打孩子，让婴儿哭出第一声，这个孩子就会离开这个世界。所以希望大家去医院的时候，能够理解护士给小孩扎针时孩子的哭闹并非是护士有意弄疼孩子。有时候还会有一针扎不上的情况。但是请大家相信，如果一针能够扎上，任何一名护士也不愿意扎第二针。

美德是医疗和伦理的原则，包括克己、利人、同情和正直。这就要求医生暂时撇开单纯个人利益（克己）；维护和促进病人利益（利人）；体验病人痛苦，并减轻及解除之（同情）；一视同仁，献身于事业（正直）。因此，"医生的价值"应视为"人类价值"。

有一位值得尊敬的女性——林巧稚，她一辈子没有结婚，但她却是万婴之母；还有吴孟超院士现在80多岁了，依然活跃在手术台上，他手中的一把刀在肝胆间行走，但是心中的火不熄灭，因为他说"我是不知疲倦的老马，要把病人一个一个驮过河"。

谁是世界上最快乐的人？美国的《读者文摘》给出了答案：1.给婴儿洗澡的妈妈；2.完成了作品，叼着烟斗欣赏自己作品的画家；3.经过千辛万苦把肿瘤切除的外科医生。

医生是神圣的职业，首先要有仁心，其次才能谈得上仁术，因为一个心术不正的人，不可能成为一个好医生。

孔子就说过，做事要通天理、近人情、达国法，其实做医生也是一样。天理指的是自然规律,疾病发生发展的过程,我们要懂;人情是要了解人的思想意识,情感和意愿;国法就是我们要遵循诊治原则、技术规范、相关技巧和政策。

行医是一种以科学为基础的艺术。医生必须有整体的眼光和一颗宁静的心灵。在临床工作中,我们有三条基线,首先必须心路清晰;其次,要心地善良;同时我们还要保持心灵平静。大家都说医生是高收入阶层,实际上相对于真正的高收入阶层,医生的投入和付出与收入远远不成正比。

医生就像一个秩序的维护者,很多人都在排队走向我们的最终目标地——死亡。在排队的过程当中,医生只是在维护排队的秩序,有些时候,也会把一些人往后拉一拉。但是对于那些非要加塞往前挤的人,我们也没有办法。在排队走向死亡的路上,作为医生,我们不希望大家那么踊跃、那么积极地向前,我希望在这个排队的过程当中,大家可以听听医生的话,往后退两步。

真心希望每个人都能长寿,今天给大家讲的内容就到这里,不妥之处请批评指正。